从飞行员到卖鱼郎

杨锦文 著

EHG Books 公司出版
Amazon.com 总经销
2014 年版权美国登记

2014 年 EHGBooks 第一版

ISBN-13：978-1-62503-080-1

序一　丰盛的鱼宴／古冬

我和卖鱼郎兄相识未久，闻其名已有数年，能为他的书写序是件十分荣幸的事。

乍一看，觉得这个名字有点怪。但我喜欢，因为我的名字也有点怪。

说实话，起一个有趣、好记的笔名，对我等小辈作者来说，会有用的。我和卖鱼郎虽未谋面，不过心灵相通，都懂得利用名字这个符号来加强与读者的沟通。

不错，作者要得到读者的喜爱，必须有好作品；同样，读者想了解作者，先得看他的书。我收到卖鱼郎传来的文稿后，即秉烛夜读。原来我兄名副其实，真的是浑身鱼腥 — 一边买鱼、一边卖鱼、一边吃鱼，并以鱼为毕生事业。现在事业有成了，在繁忙的买、卖、吃之余，又来写鱼，把他宝贵的经验诉诸文字，让我们有机会来分享这份天下间最美味、最健康的「海上鲜」的秘窍。

并非夸张，现代人实在吃得太多、太好，都吃出了毛病，有点怕死了。于是医学界提出忠告，要长命就不能再吃有脚的东西，尤其是有四只脚的东西了。计两只脚的有鸡、鸭、雀、鸟，四只脚的有猪、狗、牛、羊，也就是说现在我们唯有吃无脚的鱼了。

其实古人早就提醒我们，要多吃鱼，所以一直以来都是无鱼不成筵席，无论大燕小酌，压轴的总是一尾肥美的大鱼。

不仅仅为了健康，鱼从来就是一道鲜美无比、老少皆宜的佳肴。卖鱼郎的书出得正合时，也正合我心意；我最爱吃鱼，常常到处去找鱼吃，并不止一次写文章谈吃说鱼，现在有幸与同好相遇，看他大谈吃鱼经，真是「腥」味相投，大有相逢恨晚之感。

就因为这缘份，幸得卖鱼郎兄抬举，让我写下这篇芜文。

老实说我有点自惭形秽，怕有人拿来和他相比。他是位商家，有义气有承担，所以很成功。他又是位有才华的作家，文笔流畅，看似嘻笑怒骂，其实在给我们讲文史哲理。

例如他讲黄花鱼，从来源到丰产，到灭绝性滥捕，到从头来过育苗再殖，娓娓道来，中间没有流露出一点激越的情绪，只有痛心和惋惜，就像画家留白，给我们留下不少反省和思索的空间。这就叫功力。拖泥带水的文章易写，简洁明快的文章难求，卖鱼郎兄无疑是个中高手，恰如他的本名杨锦文，字字珠玑，篇篇锦绣。

而我呢？只知道红烧大黄花和酥炸小黄花鲜美可口，其余的就一概欠奉。

又如讲东京筑地鱼市场，讲吞拿鱼，俱以无可辩驳的数据，阐述世界第三大经济大国的衰败与其子民的无奈；讲香港的资本家为博取彩头，不惜以重资标投被誉为「日本一」的吞拿鱼王，却要拖欠工人的工资等等，都只是就事论事，并无幸灾乐祸的心理或过多责贬之词。这就是厚道，也是作家应有的涵养。

惭愧的是，我也去过筑地，见过市场拍卖官的怪动作和「鸭鸭鸭」的怪叫声，但看见水牛般大的吞拿鱼只会高呼：「哗！」，

吃到刚割下来的吞拿鱼只会赞叹：「好鲜！」别的就说不出来了。

当然，这本书不仅写鱼而已，就像一席酒筵不可能独沽一味一样。不过就算只看写鱼部份，也不会觉得单调，一如您眼前那碗鱼翅，岂止鱼翅而已，浓汤中的鲜鸡、火腿、瘦肉、瑶柱……才是精华所在，敢谓百味杂陈。

而我这篇小序，就等如用餐前的一盘开胃小菜，或一杯清凉梅酒，更精彩的还在后头。

请慢用！

古冬

序二　悦读锦绣文章／蓬丹

从飞上青天驾机凌风，到遨游四海与鱼共舞，只看他所从事的行业，几乎即可意识到，他一定是一位热爱自然、关怀宇宙、积极热诚的生活达人。

与他初识于 2011 年五月的一次文学聚会，当天发表新书的包括资深作家古冬，多年文友潘天良、尹浩镠、岑霞以及家父，我特别邀请了本身也是优秀作家，惜现已作古的营志宏律师担任总评。

会后营律师为我介绍一位他邀请与会的朋友，「文笔明快，机锋处处，潜力无穷的写作人。」营律师如是形容。

见他神色严肃，不苟言笑，高大笔挺的身材，颇有律师架势。我心想他应当是营律师的同行或同事。后来在其他文艺场合再度遇见，相谈之下得知他其实是在经营渔产业，且身为公司老板，却常谦称自己是卖鱼的，并采用一个具有浓浓市井风味的笔名卖鱼郎，在报章杂志上发表了许多时评文字。难怪我总觉得他举手投足不似一般心怀叵测的商贾，更非附庸风雅的俗辈；会在经商之余提笔为文，并抽空参加艺文活动，可知其人内涵丰富之学养风范。

其后我们交换了一些作品互相切磋。「从飞行员到卖鱼郎」一文，详述了他峰回路转的人生道路。原来他以前读军校，后来在军旅生涯中被遴选为声誉卓著「雷虎小组」成员。据我所知，

能被选中成为此小组的特技飞行员，除了飞行技术需合格外，还必须具备勇气、纪律、沉稳、精确、内蕴而不张扬等条件。

因此我相信，这样严格且高标准的军事训练，必然造就了他行事认真、为人严谨的处世准则。而这样的人生态度，更引领他后来得以在商场上乘风破浪，在写作上精益求精，实可称之为「文武双全」。然而他生性低调平实，从未夸口自己的成就，表现了一种谦谦君子之风。

近日他告诉我正准备将过去的作品结集出书，并捎来一份 CD 盘片。打开一看，真不是盖的，洋洋洒洒数百篇。除论述性文字外，还有许多在海产业打拼的亲身经历，关于鱼市场的第一手数据以及品尝海鲜的饮馔文章。

我建议他先将这些文章分门别类。与海洋和饮食相关的故事可以先行整理。 时事政经的评论较有时效性，不妨留待日后再进一步去芜存菁。

在协助整编这些文稿时，我常为他幽默俏皮的言辞捧腹大笑。别看作者平日一本正经，遇到他热爱的海洋及渔业，笔下却是妙语连珠，读来趣味横生。

笑谈间，我们学到喝红酒或品味各色海鲜的绝窍。读罢「谈鱼翅」或「取其鳔灭其族」等篇章时不觉掩卷沉思。关于开发新产品的文字，我们也不禁在阅后为作者坚持不懈的精神鼓掌叫好。更可贵的是作者字里行间流露的悲天悯人之情。尽管以海产业为生，他却呼吁人人秉持「天下万物皆苍生」的爱心，切莫滥杀滥捕，必需取之有道。

本名杨锦文的卖鱼郎确然不负其名，为读者提供了一篇又一篇读来唇齿留香、兴味盎然的锦绣文章！

蓬丹

序三　我所认识的卖鱼郎／沈达

大约是 1987 年夏天，杨大勇兄约我到他台北的公司，磋商赴缅甸洽谈付费入渔的事情，在场除我与他之外，尚有五位来自洛杉矶的朋友，在交换过名片之后，大家商谈赴缅甸的事宜，我发现其中有一位对于台湾水产加工的情况特别了解。我当时担任台湾区冷冻水产工业同业公会总干事兼台湾区养殖虾类发展基金会执行长，又曾经做过水产品输美日外销贸易约 12 年，自以为对于草虾(当时台湾出口量最大宗的水产加工产品)了如指掌，但经交谈，始知杨锦文兄也是这方面的行家，很自然地交换一些圈子里的讯息，继而发现他也是眷村出身——他念空军子弟小学，冈山；我念海军子弟小学，左营。背景相似，话语相近。

从那之后，偶尔台湾的产销状况，我们会交换一些意见；有的供货商如有出口困难或其他问题，我会替他穿针引线。有时去日本参加展览，会在展场上碰到他，相约次日清晨四点，一同去看东京筑地鱼市场鲔鱼拍卖，随后到筑地鱼市场的巷弄里去品尝号称鲜度最好的生鱼片，大快朵颐一番。有一回，又在日本碰到他，我问他下午去哪儿？他说要去某商社演讲，我知道他日本话不溜，问他：「你怎么讲？」他说：「用英文讲」，以日本人对于水产信息搜集之认真，需要请他去演讲「全球虾类供销的情况」，可见他对于全球虾类产销状况之了解，已受到最懂水产品的日本人的尊重。又有一次，我去纽约参加「Fancy Food Show」又碰到他，在展场见面分手时，他要了我旅馆的地址电话，相约清晨二点去看鱼市场。夏末秋初清晨，纽约还蛮凉的，下了出租车，他先带我去间意大利的咖啡厅，喝了杯热腾腾的咖啡，然后去看卸鱼及拍卖，约六点半离开鱼市场。随后他又带我去华人总会馆，馆外有间祠堂，里面供了很多面牌位，我看他站在某个牌位前合十鞠躬，我在他身后也跟着行礼。出来后，他跟我讲，纽约的广东老乡感念他老爸在二次大战时，投笔从戎，回国参加空军抵抗日本，在这里立了个牌位，我才知道他是忠良之后。

近五年来，每隔段时间，我会扫瞄一篇社论或黑白集的好文章送给他，在美国不容易读到。同样的，卖鱼郎也会飘到我的信箱，我陆陆续续看过不少篇，心中确实佩服。他每谈到一种海产，除英文普通名称、中文普通名称及日文名称等之外，他又十分专业的附上拉丁学名，以免混淆，这是做学问的正确态度，卖鱼郎在环游世界、吃喝游乐之外，也在字里行间暗藏了水产的门道在这里面。他语气轻松地帮大陆「獐子岛」卖夏夷扇贝到欧洲去，表面上一笔带过，这中间有多少艰难，非个中人不足道矣！水产品的生产随着气温、洋流、水中藻类含量，经常是不稳定的，所以说「水产的特性是『不稳定』」，业者必须在产地与市场之间寻觅稳定的点，力求在诸多不稳点中找稳定，不容易啊！

这二十多年来，我亲眼见证一位在天上翱翔的飞将军，一跃入海卖起水产品，他远走冰岛，将各式鱼子运到美国、日本，多少日本人、日侨因他的坚忍苦行而得以解馋？卖鱼郎卖得好啊，我看杨锦文的文章深深品味，可能他阿公不觉得十分锦绣以文，但在我的心目中确实是锦锈以文，否则，我不会经常催促他集册出版，我乐见集成此册，希望还有续集。

注／沈达，国立台湾海洋大学水产食品科学系毕，现任台湾区冷冻食品工业同业公会总干事。

自序　杨锦文

民初时，外祖父双清先生曾在孙中山先生的广州大元帅府做过参事，又在福建、浙江、南京做过官员，可说是见过世面的读书人，我们兄弟的名字都是他取的。锦文是锦绣以文的意思，大概他老人家期盼我长大后做个读书人，写些文采飞扬的大块文章来。

可惜我书读得不好，写的作文也不被老师看重，倒是常帮助同学写情书，代价是看场免费电影，泡泡一同赴约的电灯泡小姐，工作少报酬高，也乐不可支。军中生涯主要工作是飞行，坐办公桌爬格子是副业，最多写签呈、计划、调查报告等类型的文字，谈不上文艺创作。退伍后移民到美国，三十年来一直为生活打拼不得喘息，从未有过写作投稿的念头。

台湾是我念念不忘的成长之地，关注台湾时事亦是每日重要的功课。不知何时开始以升斗小民「卖鱼郎」之名投书世界日报针贬时弊，承蒙论坛主编不吝，录用了多年，也累积一些粉丝。在耳顺之年竟发掘出自己有写作潜能，惦怀故乡的兴危是原动力。

古代人口不太流动，先母常说：「官不过三，不知吃穿」，以前的本地官如知府、知县都是外地人当的，几年后又调至别处，当了三代的官后，也把中国各地的美味珍馔都尝得差不多了。跟着走遍大江南北的妻、妾、厨、仆也耳濡目染地做出一手好菜来。国民党转进台湾后，多少南北餐馆都是各大官邸家人主持的。所以，多出去走走，认识各种人间美味对品味是会有帮助的。

洛杉矶是国际的大都会，也是多元种族及文化的熔炉，各种族裔的家乡口味食肆应运而生，有了众多同胞及爱尝鲜的老饕支撑，原汁原味的异地美食就如此保留下来。在这里我们可品尝到最高档的法、意、日国际美食外，还可尝到绝对正宗的墨西哥、秘鲁、摩洛哥、中东、印度、印度尼西亚、越南、泰国、台湾、韩国、尼泊尔、东欧等等的乡土美食，洛杉矶对想尝天下味的老饕来说，真是若如步入宝山。

和不同族裔的对话及交往中发现，各族裔的客户对相同的食材有完全不同的评价及用途，对佳肴美馔的标准及期盼也有天差地别的不同，对我这个自以为是的美食者完全是新的认知，卖鱼郎入了奇境，不需周游世界便能深层地接触及学习到不同的饮食文化，永远对食物好奇的我，这简直是不可思议的收获。。

「海产行业」就是贩卖海洋生物，我首次接触到海中濒危物种是东方明虾又称做天津对虾（Penaeus chinensis），这是中国北方著名的虾种，由于虾类经济价值高，养殖期短，当虾类人工育苗法成功后，中国北方千家万户的沿海农民放弃了祖传的稻米及谷类种植，而改业养虾。高密度、高科技的养殖方法，虽然带来了巨大的经济效益，也培育出不可治愈的新种病毒。突然间，海岸线绵延千里的养殖虾均被消灭殆尽。新病毒也跟随污水进入了大海，已受够工业废水及城市污染的海洋加上杀手病毒，渤海湾驰名的天津对虾及某些贝类就如此遭到了物种绝灭的命运。

那年，我受委托赴唐山观察对虾养殖，伫立在渤海湾边，秋寒料峭，方块型废弃的虾池层层迭迭直连天际，白浪依旧扑岸，

自序　杨锦文

夏末依然秋来，但上苍赐给我们的海中佳肴天津明虾已经一去不再复返了。对虾亦为天下苍生，却因味美而遭灭族，不由令人叹息伤感。

二十多年东奔西走的海产贸易经历里，从客户、供货商及政府卫生部门学习到许多宝贵的知识，也增长了很多的见闻。曾经写过一些杂文在报章发表与读者分享，但一直希望能集文成册留些下纪念，也不枉费半生的卖鱼生涯。

先父杨仲安将军为美籍华侨，抗日期间返国从军，祖籍广东，三九在广东话中是生生不息和久久远远的意思，特意用三十九篇文章编成此书，是我对海洋生物物种永续生存的祝愿，也感谢父亲在他生命最艰苦的时候扶养我长大。本书得以付梓问世，首先要感谢世界日报论坛的提携，激发我写作的兴趣，及蓬丹女士大力协助校稿、编辑及联系出版。我还要感谢内人文凤在我来美最困难的时候不弃不离、任劳任怨、携手打拼，为生存奋斗。也要感谢黃华真小姐以及 Toben 先生绘制、设计封面及插图。最后感谢汉世纪数字文化公司对本书宝贵的建议及协助出版

本书献给曾在襁褓时相见又天人永隔的外祖父双清先生。

杨锦文

XII

從飛行員到賣魚郎

目录

从飞行员到卖鱼郎

有人问我：「你为什么选择卖鱼为生呢？」我说：「因为不喜欢修车。」，「那你为什么去修车呢？」我说：「因为要养家。」。他又问「那你在台湾时做什么？」「飞飞机。」。他兴趣可大了，又接着问：「你不喜欢飞行吗？」「喜欢。」我答道：「但是公司老板和民航局官员间沟通没到位，项目被延迟了，没飞机飞，没薪水领，我就失业了。」

「男怕入错行，女怕嫁错郎」，这是说，男人要一辈子去做自己不喜欢的工作，女人要一辈子去面对自己不喜欢的男人，而毫无选择余地，这都是人生最悲惨的遭遇。飞行与卖鱼的行业我都喜欢，而且乐此不疲。如果有来生，我还会选择驾机凌风驭空，也会为卖鱼遨游四海。

小时候父亲的驻地在新竹近海。当我平生第一次赤足走到沙滩上，海声隆隆，轻浪袭身，海风扑面，空气中充满了海的气息，沙中参差些彩色的贝壳，姆指般的小螃蟹在湿沙中穿梭，靠岸竹筏的鱼篓里盛着银亮闪闪的鱼鲜。打从那天起我就爱上了海，小学开始，每一篇「我的志愿」的作文，都是写要当遨游四海的船长。

从小我就是患有严重学习障碍的问题儿童。那时，对付问题儿童的特殊教育方式就是打，用力地打，狠命地打。一九五〇年代，两岸关系紧张，台海间战云密布，每天父亲几乎都驻守在部队，母亲又自顾不暇。老爸就把教育我的责任全权交付给了空军

子弟小学的老师及校长。不幸的是，王姓导师是位随部队来台的流亡学生，满面忧愁，特别喜欢打学生，我就如此地被送入了虎口。

每天我几乎都被打，有同学说，蓖麻子油涂在手上可以防痛，所以我书包里都会藏些蓖麻子。但今天我可以肯定告诉大家，蓖麻子油防痛的功能根本是骗人的鬼话。挨手板太痛了，痛入心脾。我受不了，就开始逃学。一天王老师宣布；我欠他一千多板，每天需打四十八板来偿还，并告诉同学们不要理我。当天我就逃了，而且也没回家，流落在台北街头，直到几周后父亲派了好多军人把我找到为止。

清晨的台北，街上冷清清的，最热闹的地方就是菜市场了，厦门街及南门市场是我最常去逛的地方，通常我都会留连忘返在几个卖海产的摊位间，也许从这时开始，我对各种五彩缤纷的虾蟹鱼介着上了迷。迄今我只要到世界任何城市或海港，清晨我都会到该地的鱼市场参观，这习惯数十年未曾改变。我想，爱上海产品可能王老师的居功较大。

父亲从小离家在国外长大，很早就自立了，他总是对我说，只会养我到十八岁。十八岁那年我还在读高中，脑子里却一直盘算着离家自立的勾当。想去做船员，但是对航海一点概念都没有。老爸是抗日战争的空中英雄，从小家里进出的叔伯辈都是干飞行的，耳濡目染下，对飞行倒是有一点认识。

听说飞行学校招生便去报名，但必需通过严格身体验查后才能参加考试。

不知是面对医生太紧张，还是老爸在暗中作梗，总是过不了关，在嘉义空勤体检失败后，又跟踪体检队到台南，血压还是高了一点点，不合空勤要求。下站在冈山体检，有人告诉我，喝醋会降血压，早上我喝了半瓶醋就上阵了，那天主管检查的医官刚好是老爸的朋友，他看了我一眼，回办公室去打了一个电话，出来对我笑笑，便亲自为我检查并量了血压，轻松就过关了。走出了冈山空军医院，吐出憋了一肚子的酸水，高兴莫名，终于达到离家自立的愿望。到如今我还没弄明白，那次改变我一生的体检，是那半瓶醋的功劳或是将军老爸暗中帮的忙。

毕业后分到战斗机部队，驻地台南。从少尉飞行员一直干到少校分队长，训练飞行、跑道头五分钟战备警戒、空中战斗巡逻、炸射演练，到台北泡妞。紧锣密鼓的生活十年如一日。也曾被甄选为空军飞行特技小组（雷虎小组）的组员及战斗英雄等等。76 年赴美进修，返国后派至空军总部督察室飞行安全组任职，担任全军 F5 机失事预防及失事调查工作。

家父在抗战胜利后，曾在南京担任中国空军第一届飞行安全处处长。在知悉我将出任飞安官时对我说：儿子呀！不要随便处分飞行员啊！惩罚当事人就没人说真话，没真相就会再摔飞机，会再死很多人，冇阴功（广东话等于造孽的意思）的呀！这番菩萨心肠的话，确定了我不懈不畏地找出真相，来预防失事再度发生的工作态度，意外的也葬送了我的大好的军队前程。

在空军总部工作两年如鱼得水，除了参加大小失事调查，撰写报告外，并参与编辑飞行安全月刊，赴台大飞行安全班授课，到各部队参与飞行训练及察核，不时到将军们的办公室喝咖啡谈飞安问题，为上级长官准备演讲稿，或为长官们在月刊发表文章时捉刀。77 年晋升为空军中校，时为空军最年轻之中校。又获准立功结婚，妻子在美商任高职，除了飞行加给外，出差费、误餐费、外教钟点费、稿费应得的酬劳外，年节时还不时在抽屉里发现些上级给的慰问金。台北的生活不亦乐乎。

78 年服役年限即将到期，想返部队飞行都因为没有适当缺额被拒绝，此时我才惊醒，在总部对失事预防不遗余力的的表现，已经间接影响了某些长官的仕途，也直接葬送了我在空军继续发展的希望。此时某航空公司将从英国购买一架客机加入国内航运，需要新血，我便选择了退伍转业民航。8 月 4 日即将退伍，8 月 3 日清晨还被派赴桃园基地飞行，当飞机滑至跑道头即将起飞时，耳机传来紧急放弃起飞的命令，滑行返回机堡，跨出心爱的 F-5 战机时，我伤心欲绝，因为我已完全地不受我热爱的空军信任了。

卖掉在洛杉矶经营四年多的汽车修理厂及加油站后，闲赋在家，准备行事汽车零件买卖。有位曾照顾我的飞官前辈问我，「要

不要卖鱼？」我说：「好呀！没卖过，愿试试。」上班第一周我就分辨出墨西哥东西岸白虾的异同，令同事及自己都惊异不已。如此，我便踏入了卖鱼的不归路。在这里要深深地感谢汪汉教官的提携与引导。

卖鱼郎 2013/8/8

冰岛买鱼记

2008 年底，在短短一周内，冰岛从国民平均所得排名全球第四的富裕之国，变成人人自危濒临破产边缘的国度。人口才 32 万的国家，却负了 1,380 亿美金的债务。当时的总理哈德先生（Haarde）心脏病发入院，并劝告国人重拾老本行，当个快乐的渔夫。我的卖鱼生涯曾与冰岛结下不解之缘，对冰岛此次巨变的感受自是非同一般。

1992 年春天，波士顿海产博览会冰岛厅的原料鱼卵吸引了我的目光，这是春季盛产在冰岛海域的 Capelin Fish（日语 shishamo）鱼卵。此鱼卵脆度高，韧性大，价格低廉，加工调味后叫 Masago，是做寿司的好材料。在美国这种橘红色调味鱼卵 Masago 是由日本加工进口，所费不菲。美国市场用量日增，直接从冰岛生产 Masago 极为可行。于是，我计划在冰岛找厂商合作生产 Masago。在会场上却找不到有意愿合作的伙伴。有位经纪人艾索（ Eyther）先生很委婉地告诉我，冰岛是产鱼大国，他代表的几个渔业公司做的是千百吨的买卖，说返回冰岛时会找其他厂商谈谈，但他回冰岛就失联了。

1993 年春季波士顿博览会中，又看到艾索，只是这次他没空与我讨论 Masago 事宜，再向其他渔业公司询问，都对调味产品没兴趣。同年秋天，在洛杉矶博览会中，艾索让我枯等了三十分钟才讲上话。这次我不给他机会，劈头就问：「艾索！今年 Capelin Roe 鱼卵 一吨多少钱？」 他说：「出口日本的一级货的大概 3,500 美金。」我接着说：「那我付你 7,000 美金一吨，但是我要这样规格的产品。」当场我就给他一些日本制的 Masago 样品。他看了看，又尝了尝，约我第二天见面。见面时说：「昨晚连络了许多工厂，也请教了许多冰岛专做日本生意的专家，都认为困难度太高，机会不大。」后来，我直接写信给冰岛厂商，也都不得要领。

三年过去，1994 年初在旧金山的国际食品博览会场上，再一次见到艾索。他问我：「有人对 Masago 有兴趣，你愿去冰岛跑一趟吗？」我说：「我愿意，下周就去。」

上飞机前，朋友给我讲了个故事，让我非常兴奋。他说：「在冰岛，美丽的温泉仙女们都裸体躲在丛林的大树后，等待白马王子的出现，如果你找着她，她会温情地陪你直到离去。」飞机到了冰岛首都雷克雅未克（Reykjavik）机场，艾索来晚了，我一点也不在意，赶紧走出机场，像失群的候鸟，伸长了脖子东张西望。天边是覆雪的大山，平地上是无尽的火山砾岩，石间青苔蔓草满布，远远的鱼粉工厂冒着白烟，带来阵阵刺鼻的鱼腥味。我赶忙问路人，丛林在那里？那人答道：「冰岛没有树，只长地衣！」

晚餐吃的是冰岛特产，深水龙虾（Longostino）与鳕鱼，北欧式做法，美味得无法挑剔。交谈得知，冰岛人是北欧维京人后裔，说维京古语，耐寒苦，不畏坚险。早先移居此地的族人不多，小孩用父亲的名字后加上 son 为姓氏，例如：Eric Augeirson 的儿子就姓 Ericson 了。冰岛靠近北极，火山及温泉遍布，地热随处可取，夏天植被茂盛，满山遍野长着黑草莓，为天然的牧场。又得天独厚位于墨西哥暖流北端，鱼产丰盛，属极北的温带气候。祖先觉得此「极地绿洲」不可轻易示人，告知族人，若有人问就说，吾等定居处「冰岛 Iceland」，就在 「绿地 Greenland」 附近。其实格林兰（Greenland）地处北极圈，是终年被冰雪覆盖的荒野大陆，一点也不绿。

旅店在市中心广场边，所谓广场就是一块刻了西洋棋盘若篮球场大小的空地，台阶边摆些石椅。虽是下午，但位于极北的冰岛天早已黑了，广场冷风飕飕，只有三两个急急穿梭的行人。冰岛冬季昼短夜长，下西洋棋是冰岛人的普遍爱好。旅店古老朴实，陈设简单，却古色古香，房间用地热水管增温，和暖如春，毫无燥热的感觉。此地热水及电都是公共设施，低价无限供应。平生第一次感受到洗澡的乐趣就是那晚了，喷水的莲蓬有我的头两个大，纯净的甘露淋洒在身上的感觉是无与伦比的。艾索说：「冰岛的地下水由火山地热经千百年反复蒸发聚蓄而得，非常纯净。」我想，难怪冰岛小姐会赢得多次国际选美冠军。是夜，我盘算着，如果能运一船冰岛的火山水，出售给爱漂亮的台湾姑娘们，或许是一桩好买卖吧。想想就入了梦乡。

次晨去工厂开会，老板是两个三十几岁的年青人，老大奥古斯特掌管业务，老二林德管财务。为生产各式鱼卵专业工厂，如冰岛鱼子酱（Lumpfish Caviar）、烟熏鳕鱼卵及其他鱼卵产品，专销欧洲市场，颇富盛名。我们会中决定，将要生产质量可与日本货比拟的冰岛 Masago，由我独家代理，以优质产品及合理价格与日本货抗衡。

由原料供应转变成为终端产品的制造厂商，还要去冲击新大陆市场。这种角色变换，对千百年来都在捕鱼，并且从没吃过寿司的冰岛人是件了不起的大事。冰岛国家实验室的博士科学家也要来凑一角，说是支援研发。后来，技术部门决定，冰岛 Masago 将使用闪烁耀目的德国食品染色剂、荷兰调味料，挪威耐低温的包装物、欧洲风味设计等等，只有料酒味醂是在美国加州生产的日本货。

走出工厂，天已漆黑了，看看表还不到下午四点，从北极吹来的风冷得钻心。当晚我们以吃黑草莓的冰岛羊排配搭维京人烈酒来庆祝，并佐以山蚝（注：山蚝者 Mountain Oyster 也，

为羊睪丸的戏称)。经过三年多的穷追苦缠，想不到一天就拍板定案，有若梦幻成真。之后的十四年，我们向这家厂商进口了将近三千吨 「冰岛 Masago」调味鱼卵。

回美的行程定在两天后，也难得地在冰岛偷得两日闲游览一下。冰岛对外交通全由「冰岛航空公司」负责，外国公司不得参与。冬季可选择的航班不多，夏季是冰岛的旅游季节，此时往返美洲欧洲航班增加很多。冰岛大多数公司行号及工厂夏季休息一至两个月，大伙出国渡假。这时许多欧洲人也来冰岛渡夏做越野、健行、垂钓等户外活动。到冰岛渡假并不便宜，鲑鱼季节时，河岸垂钓最佳位置每人每天需花费三千美元。冰岛也是欧洲名门贵族、摇滚明星呼吸新鲜空气、躲狗仔队的好地方，夜里走在大街上绝对没人来打扰。在雷克雅未克市的普通公寓动辄百万美元，一般酒店每晚也要三百元美金左右。

冰岛冰川覆盖，火山遍布，某些特殊地形地貌几乎与月球表面相似，美国登月航天员曾在此训练，在路上看到火山砾石中有些像人工整治的平地，我问艾索:「那是甚么？」他说:「是高尔夫球场，夏天在冰岛可以整天打高尔夫球，一年总有几天太阳不下地平线的。许多观光客专门来参加子夜高尔夫球赛，球费约 350 美金。夏天时你来冰岛可安排参加比赛，会颁一张证书给你，并印上你开球的时间。」看看球场并不出色，飞机票球费可不便宜，我就算了。

参观了黄金瀑布，盖歇尔间歇喷泉，地热发电厂等首都雷克雅未克附近的著名旅游景点后，艾索说：「我们去 Blue Lagoon，这是世界有名的健康温泉。」温泉离机场不远，停车场大得出奇，泊了许多大观光巴士，在弯曲火山岩小道中走进温泉大厅，其中有许多健康保养品的专卖店，也有租借沐浴装备的地方。泉水是蓝色的，面积很大，各区温度不尽相同，温泉里的人不少，有许多慕名来治病的观光客。天上飘着细雪，池里冒着轻烟，人头钻涌，倒别有一番滋味。

晚餐在克里士船长家吃烤羊腿，并配冰岛传统小食腌鲨鱼肉（Hakarl），这是北冰洋的一种深海大鲨鱼，分解后先掩埋在地下三个月，然后挂在通风处风干数月，才切成小块做为零食，相传是维京海盗的下酒菜。鲨鱼肉尿酸含量高，腌制后有股浓郁的阿莫尼亚冲味儿，吃起来怪怪的。为了尊敬冰岛人的海盗祖先，也硬是咽下好几片，配几杯冰岛伏特加后，臭鲨鱼干竟也回味无穷。克里士船长喝多了，便聊起在鳕鱼战争中，如何用破渔船打败了英国正统海军的英勇故事。臭鲨鱼、冰岛伏特加及克里士船长，让我渡过了难忘的一夜。

去年底，世界金融海啸发生后，冰岛克郎币值大跌，冰岛银行的国际信用停滞，冰岛突然成了金融的孤岛。所有民生物资、包装材料、东欧外劳，运输等等费用必须立即以外币现金（欧元、

美金、英磅）支付，国内百业几乎停顿。基于双方之互信，我们预汇了数批定单的货款，借以舒缓工厂现金缺乏的燃眉之急。困在金融孤岛的尔马先生来电邮说：「On a time like this，it is good to know that we still have friends out in the world. 」（在这种时候，知道在外面的世界上，我们还有朋友的感觉真好。）

卖鱼郎于罗兰岗

多吃鱼活得更健康

世界日报登载：经科学研究证实，Omega-3 脂肪酸成份，可降低罹患心脏病及其他疾病的风险，包括老人失智症，并可促进幼儿脑部与发展。所以美国许多大食品公司将在其产品中添加该种成份。著名的 Tropicana 公司在元月份将推出全国第一种含有 Omega-3 脂肪酸的柳橙汁。

Omega-3 脂肪酸最通常在鱼类及坚果类食物中摄取，对不爱吃鱼又不常吃坚果的人，在买食物时，选择已经添加 Omega-3 脂肪酸成份的品牌，不失为亡羊补牢的好辨法 。

中国人大多数是喜好吃鱼的，在南加州有些亚裔家庭几乎是餐桌上天天有鱼，亚裔超市各种鱼类应有尽有。但是应该买那一种鱼才有高含量的 Omega-3 呢？通常含有高脂肪含量（High Fat Content）的鱼类品种都含有丰富的 Omega-3 脂肪酸。

野生大型回游鱼类如剑旗鱼（Swordfish）和蓝鳍鲔鱼（Bluefin Tunafish）都有丰富的脂肪含量，生长在高纬度冷水的中型鱼类，如智利海鲈鱼（Chile Seabass）阿拉斯加黑鳕鱼及比目鱼（Alaska Black Cod & Halibut），日本黄尾鱼（Japan Yellow Tail 即 Hamachi）及太平洋大西洋鲑鱼（Salmon）等。以上均属高档鱼类，一般家庭无法经常享用。

有些寒带无鳞的小型海水鱼类也含有丰富的 Omega-3 脂肪酸，在一般亚裔超市都可买到，滋味鲜美而且价格便宜，例如挪威鲭鱼（Norway Mackerel 即 Saba），参鱼（Spanish Mackerel 即 Aji）秋刀鱼（Mackerel Pike 即 Sanma）鳗鱼（Eel 即 Anago）等，在日本，医生建议大家：每周最好吃两次含高脂的无鳞鱼类以确保健康。

大多数的美国人对肥嫩鲜美的鲭鱼秋刀鱼无法接受，太油腻、鱼味太重了，又没咬劲，不够肉感（meaty），肉不够白（White Meat）。美国学术界试图制出新的养殖饲料，把非动物性油脂及其他营养剂等添加在饲料中，将养殖鱼鱼肉内的 Omega-3 控制在特定范围内，以期养出一种生长快速、肉色洁白、口感适中、鱼味不大、高 Omega-3 脂肪酸及蛋白质含量，而且价格低廉，又适合美国大众胃口的超级健康鱼。南加华人称立鱼的吴郭鱼（Tilapia），便是用于此项试验的鱼种之一。[1]如果您偏爱吃野生鱼的话，美国食品药物管理局 FDA 规定所有鱼类均须注明养殖或野生及产地 Farm、Wild、Origin 以供消费者参考。所以在购买时注意标签即可分辨。

其实全世界肉类蛋白质的供给，几乎全来自养殖，猪鸡牛羊鱼虾等皆是。政府对养殖饲料使用的药物管理非常严格，使用违禁药物的水产品一律不可进口，而且用现代高科技技术，就是 10 亿分之 1（PPB）的药物含量也难逃检验。在美国四蹄动物及禽鸟类食物，除了极少数认可国家外，是不允许入口的。所以想选购鱼类产品，从中摄取 Omega-3 脂肪酸，维护健康，应该是安全无虑的。

---

[1] 請參閱 Global Aquaculture：www.gaadvocate@org/maga.html

卖鱼郎 2007/01/10

加州红鲍鱼

四月中旬，有四位浮潜泳者在波涛汹涌的北加州岩岸捕捞鲍鱼时意外死亡，这数字远超过过去的记录。在加州，野生鲍鱼是受保护的海洋生物，禁止商业捕捞。运动性质的捕捞活动，可在有关机构管制下有限度进行。捞捕季节为 4—11 月或由加州渔猎局视情况决定。浮潜泳者每人每日可捕红鲍鱼三只，必需申请许可执照，不可使用水肺等深潜装备，只有外壳超过七英吋的红鲍品种（Red abalone） 才准许捕捉，如果违规，法庭重典侍候。

Red abalone 学名 Haliotis rufescens ，美洲太平洋海岸从墨西哥巴哈半岛到美国奥利冈州都有发现，其壳呈砖红色俗称「红鲍鱼」。它生长快速，其壳可长达 11.76 英吋，为世界上已知最大的鲍鱼，野生成鲍平均壳长 6 至 8 英吋。北方水域的红鲍鱼通常在 60 英呎水深处生长，南方的生长在 100 英呎左右的水深，这也许是政府限制休闲捕鲍者使用深水潜泳装备的原因吧！

红鲍鱼体型硕大、肉质鲜美、肉色洁白，在全面禁捕前，多汁味美又厚又大的「生煎鲍鱼排」，是七、八十年代高档餐厅为老饕们必备的珍肴。由于生食鲍鱼多以咬感（texture）为品味的重点，而红鲍鱼在生食时咬感脆度适中，因此体型硕大红色外壳色泽亮丽的「加州圣塔芭芭拉红鲍鱼」，在日本泡沫经济时成为寿司餐厅的热卖品种。鲍鱼亦为中餐宴席中的三大海珍之一，所谓无鲍不成席。在各方高价竞购下，加州鲍鱼产量日渐下降，加上鲍鱼的天敌海獭（Sea Otter）数目受野生动物规定的保护而急剧增加，加州鲍鱼的生存受到严重的威胁，已成濒危的海洋生物了。

加州海岸生长八种不同品种的鲍鱼，较知名的粉红鲍（Pink abalone），黑鲍 （Black abalone）及斑纹鲍（Pinto abalone）等等都受到法律保护，唯生长快速的红鲍鱼经人工养殖成为商业品种。

现在在美国各地餐厅都有养殖的加州鲜活红鲍出售了，拳头般大的规格，每只美金 3.99 元，这也是爱嗜鲍鱼者的福音。在政府严格的保护下，防止海洋污染及滥捕，只有如此，加州各种野生鲍鱼的数量才会逐渐恢复旧观，各种海洋生物也才会有生存的环境与机会。

卖鱼郎 罗兰岗 2007/4/26

国庆节盼沙丁

「是邪？非邪？立而望之，偏何其姗姗而来迟……」相传这是贵妃亡命马嵬坡，唐明皇思念她时作的十六字诗。笔者觉得用在 Astoria 镇民思念沙丁鱼上也很恰当。

大家期盼已久的沙丁鱼汛（Sardine Run）还没在哥伦比亚河口现芳踪，每星期出海的探测船都没带回正面的消息。这对已经没落的 Astoria Oregon 渔业来说，无疑是雪上加霜，对为了收购奥利冈高质量沙丁鱼才投资百万设厂的中日美人士，更是晴天霹雳。

「沙丁鱼汛六十年会来一次，又大又多就在河口附近」，奥里冈渔民纳尔逊（Nelson）记得他老渔夫祖父曾对他说过，一九九〇年末他与堂弟申请了捕沙丁执照，改造了渔船设备，等待祖父说的沙丁鱼到来。其他捕黑鳕鱼、比目鱼等高价鱼的渔夫们都等着看笑话。

就在初夏的一天，爷爷说的沙丁鱼汛果真来了，就在河口港边，海面银白一片，又大又多，大得没人见过，像市场的虹鳟（Rainbow Trout）一样大。渔场在家门口，Nelson 兄弟的沙丁船舱舱满载，不胜负荷，沉重得好似遇难中半沉沦的船只，周围百浬的冷冻厂都在为纳尔逊家的沙丁鱼日夜加班。那些没有许可证，没有沙丁鱼设备的渔夫只能望鱼兴叹。年复一年，到 2002 年沙丁渔汛到达了高峰。

Astoria沙丁鱼到七月四日后油脂突增可达百分之十八以上，十分美味。价格相当低，是做段烤、炸天妇罗、及火车便当的好材料，裹上红色鳕鱼卵又是日本九州岛一带贵重的礼品，是日本渔市竞购的目标。在七月四日以前的渔获含油量低，肉质较硬，制罐头时鱼肉不会化掉，是沙丁鱼罐头的理想原料。用来钓鲔鱼（tuna）不易脱钩是绝佳鱼饵，有些日本鲔钓船长认为珍贵的鲔鱼喜欢沙丁鱼的气味，闪亮的银色更能吸引鲔鱼的注意力，奥利冈沙丁鱼新鲜、个大、不脱钩是钓鲔鱼的好饵料。

Astoria 的沙丁鱼质量好个头大，码头离渔场近，渔船靠港时直接将渔获从船上虹吸至工厂，清洗筛选包装冷冻几乎是全自动为之，破损率低，规格精细，新鲜度极佳。沙丁鱼价格低，每磅五毛便是好价钱了，从船靠码头到包装完成仅仅数小时，工厂每天完成百吨才有利润可谈。

图为 Oregon 州沙丁鱼

渔业是靠天吃饭的行道，在自然资源短缺的今天，算是夕阳工业。由于保育法规严格执行，海中鲸鱼海狮等海洋生物数量大增，一百吨的沙丁鱼还不够几条杀人鲸的早餐呢！近年来奥利冈州的海中资源日渐枯竭，唯盼每年的沙丁鱼季能维持摇摆的渔业。在 Astoria 附近的工厂，五月底便开始招募外地工人，整修厂房，订制包装材料，连络客户，兴高采烈等候沙丁鱼汛的到来。

今年全镇人每天引颈盼望，沙丁还是了无踪迹。大伙儿追问纳尔逊兄弟：「当年你爷爷还说些什么？」他答道：「老爷子说沙丁鱼六十年会现踪一次，但没说会呆多少年。」

但愿沙丁鱼汛在本周突然再度涌现，海面银白相映，歌满甲板鱼满舱，工厂通宵达旦，全镇民众欢欣鼓舞，再次以丰收来欢度七月四日国庆节。

卖鱼郎 于罗兰冈 2007/6/26

犹康河的大王鲑

犹康河（Yukon River）源起于加拿大极北部的犹康山区，贯通美国阿拉斯加州，从东向西穿越重山峻岭绵延二千六百哩，注入北极圈的白令海峡。山高雪白犹康河上游的浅滩，是十九世纪末的淘金胜地，也是犹康河王鲑（Yukon King Salmon）的故乡。

鲑鱼古称跳跃之鱼，中国东北的少数民族称为大马哈鱼。诞生于内陆的河川，而成长于海洋之中，成熟后返回原来诞生的河中产卵。每年春末夏初为产卵期，大量王鲑（King Salmon）集结在犹康河三角洲各河口，涌入河道逆流而上，在险峻的急湍山涧中跳跃前进，在万丈高山倾下的寒冷刺骨的溪水中，需逆游两千哩的路程，途中还要躲过沿途河岸猛兽和人类的捕食，始能返回原生地的河滩，产卵授精，化成千万小鲑鱼，重回浩瀚的冰洋，延续其物种。精疲力尽的父母，静静地在浅滩中结束其生命。

上苍付予犹康王鲑与其他鲑鱼不同的超凡体质，能渡两千里重重艰难，返乡产卵。对人类老饕而言，犹康河的王鲑体大脂膘，含脂量（Fat Content）高达百分之三十四，也有些重逾百磅的庞然大物，它们身披银衣，肉色若似金橘，凝脂处犹胜白雪，肥而不腻，既有满实的嚼感，又柔溶欲化于口中，鲜味适中而绵长。

对健康饮食专家而言，鲑鱼是最佳脂肪和蛋白质食物。美国心脏协会认为含高脂肪的鱼类像犹康王鲑，含有两种 Omega-3 脂肪酸（EPA 及 DHA）有益于防范心脏血管疾病（请参阅

www.omega-3info.com）。美国餐厅协会及老饕杂志认为，犹康王鲑是天生食材，不必厨师精心炮制，简单煎熏烤煮即成佳馔。

每年春夏之交，是阿拉斯加州各地的春季王鲑（Spring King）出产旺季；为各地高级餐厅吸引客户不可或缺的季节海珍，犹康王鲑（Yukon King）更是王中之王。各地商人为了赶鲜，争得好价钱，犹康河三角洲的小机场满是排队等上飞机的新鲜王鲑。

1990 年以后犹康河的王鲑产量锐减，到 2000 年数目已经降到历史的最低点。当时州政府规定，只有印地安土著才能有限度地捕食，或者仅开放数小时捞捕时段，在形式上勉强维持当地土著千年的捕鱼业传统。所有的商业捕捞则全面禁止。到了 2004 年犹康河王鲑回游数量超过了预期估计，政府方才允许一年内在六、七月间开放两次商业性捞捕时段，每次六小时，五万尾为限量。

2005 及 2006 年政府渔猎部（The Alaska Department of Fish and Game）经过定置网测试及水底声纳计算显示，犹康河大王鲑回游数量，已逐渐恢复旧观。可以放宽捕捞限度，捕捉限额适度增加了。

今年是老饕们享受久违王鲑的最好时机。依政府公告，六月第二个星期犹康河捕鲑季节就开始了。王鲑品质的好坏在其产地；犹康王鲑（Yukon King）售价高于其他河流地区王鲑一倍左右，并以捕获区域来决定质量。越接近海口的王鲑，质量越好，价格也越高。每年捕获量将由政府决定。

一区（Y 1）海口至内陆 150 哩捕获的王鲑列为特级鱼。

二区（Y 2）约 150 哩至 250 哩内陆河里的捕获价格就稍逊。

三区（Y 3）离岸 250 哩以上由于鲑鱼接触淡水过久，皮肤从亮银色转向暗红，肉质开始有变化，此区的价格则下降很多了。

当季节来临时，如果您也想尝一尝这稀世海珍的话，上网即可向犹康河三角洲的各个印地安原住民海鲜公司订购，第二天快递公司便会将王鲑送至贵府。在享用之余，我们不得不警觉到：地球环境的变化影响到鱼类物种的存活规律，也必将影响人类生命存活的规律。

罗兰岗卖渔郎

闲话鲑儿

外甥嘉龙是曾经得过艾美奖的导演，由于职业的需要，常与不同国籍的人士出入各种风味美食餐厅，他一直对对美食情有所钟，如今更是如鱼得水。嘉龙知道我有馋嘴之疾，便不时地把尝到珍馐异馔的资情与我分享，是我饕餮同志中的忘年交。

一天他对我说：「我在比华丽山庄的一家寿司餐厅吃到了一种 Keiji Salmon 寿司，好吃得要命，入口速溶，味儿清甜得无可比拟。据寿司师傅说，这是鲑鱼的幼鱼，性征不明，又叫 Lazy Salmon，个儿不大，肉色粉嫩有如婴儿，产于北海道东北，这种娃儿鲑鱼，失落在返乡交配产卵的成年鱼群中，一万条鲑鱼中只有一两条鲑儿鱼，难得之极。由东京鱼市场直送洛杉矶，还附有身份证明书，以防滥竽充数，珍贵得不行。」

他继续：「师傅说，下次有 Keiji Salmon 时会先通知我，届时咱们一起去尝一尝。」

我受宠若惊地说：「谢谢你！真是有心，再说吧！」这种像龙肝凤髓般的稀世珍品，实在想尝一尝，但又舍不得让外甥破费。

田中先生是鲜鱼进口商，也是我多年的客户，他专精进口供寿司用的高档鱼货，每周均从日本筑地鱼市场批来各色时令海产。我问他：「你吃过 Keiji Salmon 没？」他说：「卖过没尝过，纽约、旧金山及洛杉矶大城市偶有需求，每磅总得一百多美元，很难找到货，去头去骨去脏后所剩净肉不多，做成杀西米成本很

高。」他补充说，一条四磅的鱼约值 600 美元，到餐厅去掉头、尾、皮、骨、边肉后，这条鱼的可用生食部位便增值到了 1200 美元，尾肉、背肉或是肚腩肉滋味是有分别的，客人吃什么部位，价格都是不同的。我想，那可能就和师傅的交情及是否出手爽快有关系了。

我把此事讲给曾住日本二十多年的寿司达人老柯听，他马上说：「在日本时听说过，那时吃不起，帮我买两条好吗？一辈子吃这么一次，再贵也值得。」我说：「人家在餐厅吃生鱼片，一片两片地吃，你老人家要一次要吃两条，没弄错吧！」「亲戚朋友多嘛！」他笑了笑。

刚巧，老友杰克逊全家来洛杉矶渡假，他是阿拉斯加的海产供货商，在阿拉斯加钓捕鲑鱼多年，在 kenai 河口筑有捕渔小屋，夏天时用来招待朋友钓鲑鱼。

他说：「日本北海道的 Keiji Salmon 属狗鲑（ Chum Salmon）品种，DNA 验出与苏俄 Amur River （即是中国的黑龙江）的 Chum Salmon （国人称谓大马哈鱼）有相同的基因，但不知为何这些娃儿鲑会出现在日本。北海道的鲑儿秋天较佳，尤其是十一月份质量最好，夏天洄游的 Keiji 肉质没秋鲑佳，野生鲑鱼是底栖鱼类，可能有寄生虫，最好冷冻多几天再做杀西米吃。其实阿拉斯加也有 Keiji Salmon，我们叫做 Jack Salmon，指的是发育尚未完成便夹杂在渔汛里，早了几年回家报到的鲑儿鱼，数量极少，没有经济价值，在阿州各地河口都有发现。阿州法律规定每人允许钓捕鲑鱼条数是有严格限制的，钓友们多半把钓到小规格只有 3-4 磅的 Jack Salmon 放生，以免小鱼占据了大鱼的法定额度。」

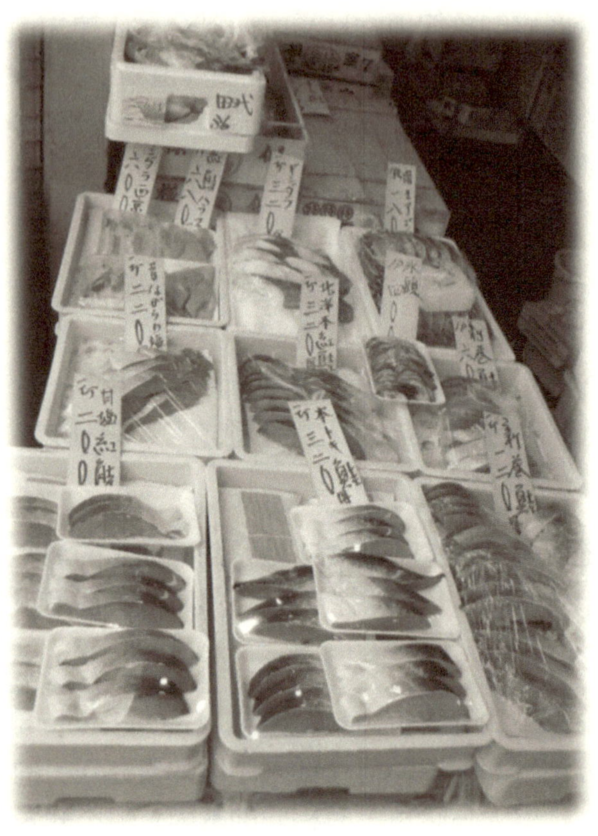

去年夏天杰克逊便在 Kenai River 钓大王鲑（King Salmon）时钓上了一条 Jack Salmon，只有 3 磅重，比平均 8-9 磅的王鲑小了许多，杰克逊是识货人，没放它生，带回家大快朵颐。他说：「Jack Salmon 的含脂量比同群的王鲑高出很多，甘肥适口，入嘴速溶，很不错。通常王鲑七、八年才洄游，这条鱼看来只有二、三岁便回来了，这是我多年来钓到的第一条 Jack Salmon。」

杰克逊滔滔不绝时没注意到我既羡慕又嫉妒的眼神。

卖鱼郎 2013/6/30

漫谈黑鲔

「鲔」音「伟」，在中国古文中指的是「鲟鳇鱼」（Sturgeon），日文汉字中的「鲔」指的是英文的 Tuna 鱼。两岸三地分称 Tuna 为；台湾「鲔鱼」、大陆「金枪鱼」或港澳「吞拿鱼」。由于 Bluefin Tuna 鳍及背部是黑蓝色，肉色也较深，故日人称之为「黑鲔」（Kuromaguro）。「黑鲔」肚腩部位称为 Toro，含油量极高，35% 以上，入口速溶，颊齿留香，令人难忘，老饕们均视为寿司中之珍品。

在日本，寿司餐馆中没 Maguro（即「鲔鱼」）飨客是不可思议的事。市场上几种 Tuna 中以「黑鲔」属最高档的了。每条「黑鲔」渔区不同、鱼龄不同、色泽不同、肉质也不同，故在拍卖时价格都不一样。同条鲔鱼各部份生食的滋味也有区别。有的专家认为数百公斤重的鲔鱼在陆上放置时，受压区的肉质也会产生些微的改变。即使同是最昂贵的鱼肚腩 Toro，也分大肚（O-Toro）或中肚（Chu-Toro），其咬感、口中溶度、滋味都有很大的分别。太新鲜的 Toro 也不好吃，要等数日后才会有圆融腴润的口感。

在台湾随日人称 Bluefin Tuna 为「黑鲔」，闽南语叫「乌瓮串」，入春后黑鲔从南方回游北上，4-6 月间经台湾东部，南台湾水温较高，所捕获的黑鲔油脂含量不及日本北方冷水区捕获的高。但由于产地近，运输路程短，鲜度好。八十年代日本经济强劲，高价食品需求增加，台湾黑鲔鱼空运至日本数量大增，屏东东港也成了台湾鲔鱼主要的集散地。

图为超低温冷藏鲔鱼

「华盛顿公约」的一百七十五个会员国，于 2010 年 3 月 13 日在多哈集会，准备对四十二项濒危物种，包括大西洋蓝鳍鲔鱼

（Atlantic Bluefin Tuna）的买卖问题进行讨论及表决。蓝鳍鲔鱼买卖禁令必须取得三分之二的多数票支持才能成立，进口量占全球的百分之八十的日本已表明全面反对。南方蓝鳍鲔鱼（Southern Bluefin Tuna）输出大国澳大利亚支持日本，形成日、澳对抗欧美的局面。18 日消息传来，蓝鳍鲔禁卖令未获通过。全世界爱吃「黑鲔」Toro 杀西米的老饕、寿司餐厅、渔公司、渔市场、渔民包括贷款给渔船的银行家等一伙人都松了口气。

北大西洋蓝鳍鲔（Northern Bluefin Tuna，即 Thunnus thynnus），为大型深海冷水回游鱼类，血液换氧率极高，体温较水温微高，一生不停地快速游动及掠食，生长期约为四十年，体型硕大，成鱼平均 200 公斤以上。两族群分别在地中海或墨西哥湾暖水中产卵，南非地区也曾发现其少数族群。夏末时在北美洲高纬度海域捕护之蓝鳍鲔有重达 500 公斤以上的，肌肉油脂含量极高，滋味鲜美，Toro 质量尤佳，被老饕视为珍馐。美加政府均严格限制捕获季节及数量，违者重罚。在八十年代泡沫经济的高峯时，曾有单尾鲔鱼拍出 10 万美元的记录。

渔民在北大西洋捉到一条大黑鲔，通常便会妥善照顾立刻回港，如果是条极品鱼，也有渔民随鱼飞赴东京筑地市场参加拍卖盛会。有些黑鲔就近在纽约或洛杉矶市场销售，也能卖得好价钱。逢季节高峯，顶级厨师都会用超低温冻库藏些存货，在年节时满足饕客们的餍求。〔吾友石田先生在纽约便拥有低达华氏负 75 度的冻库，供顶级厨师使用，见图〕

台湾东岸捕获之太平洋蓝鳍鲔（Pacific Bluefin Tuna，即 Thunnus orientalis）与澳洲、印度尼西亚等南半球海域捕获的南方蓝鳍鲔 Southern Bluefin Tuna（Thunnus maccoyii）都属

Bluefin Tuna 的亚种。日本海域纬度高水温底，「黑鲔」含油脂较高，捕获后日内便可送抵鱼市，新鲜度也好，但数量不多。日本人管在自己海域里捕获的「黑鲔」叫「本鲔」（Hon-Magura）。但同样的「黑鲔」游到台湾及菲律宾海域就不叫「本鲔」了，东京鱼市拍卖时会标明产地「台湾黑鲔」或「菲律宾黑鲔」。

鲔鱼是血肌型红肉鱼类，鱼片在碟中鲜艳夺目，引人垂涎。某些鲔鱼在上钩时，由于惊骇，挣扎得太厉害，体温上升，肉质及色泽发生极大的变化，或捕获后未妥善的照顾，将鱼体中心温度急降至接近摄氏零度冷藏，也可能运输时温度不稳定或运输时

间太长，使其色泽、鲜度、风味尽失，捕渔人便会徒劳而无功了。

深海远洋鲔鱼船在捕捞后，立即以超低温冷冻方式迅速结冻及冷藏〔约摄氏零下 50 度〕。在日本渔市场中要先查明是那条船冷藏及何处捕捞的，以免买到装备不良或非法捕捞之鱼货。不同国籍的船队、海区、季节的鱼货价位也都不同，但最终拍卖场还是得贴上标签逐条拍卖。在美国市场准许鲔鱼使用一氧化碳 CO 处理鲔鱼，以保持其艳丽的色泽，但在中国、日本及其他国家却不被允许。

九十年代，日本北部青森县一对生活无着的渔民父子，以家传的破旧的小渔舟，数日漂泊在茫茫大海中，终于捕到一条完美的大黑鲔。新年前在东京筑地市场中，卖出了历史新高的天价，救了病中的母亲，偿还了债务，改善了家计，也渡了一个好年。这个赚人眼泪的故事被全程跟踪拍摄，感动了日本全国的普罗大众，创下了当时最高的收视率。后来被发现这是一个由电视台、渔民、海产公司、餐馆为了商业目的而编造的故事。但也印证了「黑鲔」鱼在日本人们心目中崇高的地位。

古早的鲔鱼捕渔业主要是供给原料给 Tuna 罐头工厂使用，「黑鲔」脂肪含量高，鱼肉经高温制罐处理后易溶为肉糜，不及低脂肪含量的长鳍（Albacore Tuna）或黄鳍 （Yellowfin Tuna）肉像鸡肉般的结实受欢迎，有西方人称 Tuna 为海中鸡（ Chicken in the Ocean）。故「黑鲔」售价不高。八十年代后日本寿司成为世界美食的新潮流，市场无尽止地高价索求 Bluefin Tuna。地中海西班牙、意大利、土耳其、南澳洲、美西下加州、日本等鱼产区，纷纷兴起「黑鲔」养殖。渔民围网捕获野生幼、成鱼转移至港湾内的定置网养殖区，喂以高脂肪饵料，在价高时供应各地之渴求，因此也造就了许许多多的鲔鱼富豪（ Bluefin Tuna Millionaire）。

日本近畿大学（Kinki University）对南方黑鲔人工孵化、种苗生产技术获得突破性的成功。假如将来华盛顿公约禁止野生 Bluefin Tuna 买卖成为事实，全世界寿司吧供应粉红色、肥啫啫的 Toro 也将无匮缺。但是「黑鲔」生长缓慢，巨硕的成鱼肚腩才会肥美。「黑鲔」 一生不停地进食游动，饲养成大鱼的成本不低，一条 Bluefin Tuna 喂得再肥，也只能切出有限的肚腩来，其他部位卖不出天价。

当今世界经济不景气，寿司吧前只问有无 Toro 不问价格的的老饕豪客也渐渐消失了。海捕野生的「黑鲔」价格不再走俏，也拉低了养殖鱼的价位。Bluefin Tuna 养殖业全靠高价美食市场的支撑，中国是大众期盼中美食新兴市场，但对「黑鲔」鱼还很陌生，需求量远没鱼翅、海参、燕窝来得大，Bluefin Tuna 养殖业主们对市场的远景并不乐观，一心期盼全球经济复苏尽快来临。

罗兰岗卖鱼郎 2010/3/29

吞拿鱼王「日本一」

肉色鲜红艳丽的鲔鱼（Tuna）是生鱼寿司餐食中不可或缺的素材，也是日本餐厅及超市鲜鱼部门每日必备的鱼类。在日本，鲔鱼每月的销售量就在万吨以上，在日本海产市场中占有极重要的地位。鲔鱼的品种很多，以蓝鳍鲔鱼（Bluefin Tuna Fish）最为珍贵，根据肉色、油脂含量、鲜度、季节、产地而价格各异。

东京筑地市场是世界上最大的海产集散地，全世界来的鱼鲜都希望在此地拍卖出个好价钱来。蓝鳍鲔是渔市的指标品种。每当新年拍卖场开市时，鱼市总会挑一些质量最好的本地产蓝鳍鲔来竞标，这条赢得红盘的开市鱼叫做「日本一」。对渔民、拍卖场及买家三方都是一年的好兆头，也是东京渔市开年时的大事。

某年日本某电视台，播出了一段东京鱼市新年标卖「日本一」感人的新闻故事，内容是说一对走头无路即将被产的渔民父子，为了救病危的妻子、母亲，而不得不卖掉藉以维生的渔船，新年前夕在凄风厉雨的北海中做最后的出航，竟捕到一条特级的大鲔鱼，运至东京后，在新年开市时竞标得到了「日本一」的头衔，卖到了史无前例的高价，父子的困境都因得此鱼而解。这故事一播再播，赚得了不少观众同情的眼泪。但也有媒体爆料，这是电视台为了炒高收视率，串通了渔民、拍卖公司及买家编造的故事，2008 年新年，278 公斤的「日本一」，被香港「和之味」寿司连锁店的郑威涛先生以 607 万 6000 日圆〔43 万港圆〕标得，日本竞标者在「前所未闻，不可置信」的心情下失去了寿司美食及精神象征的「日本一」。第二天香港「和之味」寿司连营店以吞拿王鱼腩 Toro 50 港元、赤肉 （背肉）Akame 18 港元一件限量出售（港人称鲔鱼为吞拿鱼），明星名媛名士趋之若鹜，成为美食界佳话。郑先生一举夺标，携「日本一」返港，把「日本一」变成了「香港一」，不仅深深打击了寿司发源地日本人的自尊心，甚至还有人怀疑日本经济是不是真的是不行了，怎么连一条鱼都买不起呢？

2009 年日渔市开市时，日本竞标者再也不能接受「日本一」被外国人标走的耻辱，在双方激烈的竞标下，「日本一」以 963 万日圆〔84 万港圆〕双方同时得标。结果，半边鱼留在东京，另一半边鱼飞运香港。日本竞标者为东京「银座久兵卫」寿司店，也成了日本护鱼英雄。

2010 年的「日本一」也是由日、港两方平分，得标价为 140 万港元。2011 年 1

月 6 日在日本东京筑地鱼市场，拍卖出一条史上最高价的蓝鳍鲔鱼。这条蓝鲔〔又称本鲔、黑鲔、吞拿、金枪鱼〕在日本北海道与本州岛之间海域捕获，重达 342 公斤，以每公斤 9 万 5000 日圆〔约 1150 美元〕，总价 3249 万日圆〔约 39 万美元，308 万港币〕由香港「和之味」与东京「银座久兵卫」寿司店共同得标，是筑地市场历年来最高记录。

2011 来港的这半条「日本一」得净肉 70%， 约 119 公斤，未计运费及其他开销，每公斤净值 13,000 港元，即是每公克净成本 13 港元，每件吞拿寿司鱼肉约 14 公克，净值约 180 港元，8 至 10 克的迷你超薄寿司也需 100 港元成本。据报载，这吞拿鱼王「日本一」运返香港后，将以每件 38 港元至 98 港元在板前、板长寿司店亏损出售，只较去年贵了 3 港元。郑威涛先生说，这条「蓝鳍吞拿鱼王」将招待奥运冠军郭晶晶及吴敏霞等社会人士品尝。本周香港明报报导：板长员工苏先生上网披露，公司以银行自动转账为由拖延出粮日期，并表示公司花巨金买鱼不应拖欠员工薪水。郑威涛先生表示，延迟 7 日发薪并不违法。但是，谁也说不准明年此时「吞拿王日本一」将会鱼落谁家。

注：每年清明前后，蓝鳍鲔从太平洋高温水域乘黑潮向北回游，路经台湾，台湾称之谓「黑鲔」鱼，唯此时鲔鱼含脂较低肉质松弛，不及在高纬度冷水区捕获时肥美可口。

卖鱼郎　2011 元月 13 日

2013 年 7 月 16 日修订

腌拌生鱼二三事

— Kokoda、Ceviche、Poki 及其他

吾友到斐济 Fiji 办事，吃了道当地生鱼菜肴，来信与卖鱼郎分享，节录如后：

「这次去斐济吃到了当地此较特殊的生鱼片，叫 Kokoda，当地人念成 Kokonda（可肯达），与一般拉丁国家吃的生鱼菜肴（Cevichi）大致相同，只是后者所用的鱼肉和佐料变化较多。食材以新鲜未经冷冻过的鲭鱼（King Mackerel）为主，鱼肉去皮去骨切小块，用现挤之绿柠檬汁（lime）加盐淹浸六、七个小时后，鱼肉均己变白时即可 （看起来有些像煮过的鱼肉），最后加些椰汁调味盛入半壳的椰子内待客。在暖风袭人的椰林中、天青、水蓝，悦耳的浪涛声阵阵传来，尘世远离，享受着这美味的南太平洋风味可肯达，一时也不知身在何处。」

信上形容的鲭鱼菜肴，Kokoda 听来真不错，用椰汁调味有东南亚风味，以绿柠檬汁浸生鱼与西班牙生拌海鲜菜 Ceviche 很接近，个人认为用鲭鱼 做的 Ceviche 最鲜美，日本的醋渍鲭鱼 Shimi Saba （Mackerel）配醋饭很好吃，北欧的腌鲭鱼（ Pickled Mackerel ）配白葡萄酒也吃不厌，不能忘怀的中国北方小吃煎咸鱼就玉米饼子，也是鲭鱼（台拔鱼）腌制的，我总喜欢吃海洋味重的鱼类。

Ceviche 是西裔重要的海鲜冷菜肴，多为生食，软件鱼类制Ceviche 即需要煮熟，如 Octopus、Squid 等。Ceviche 做法千门百类，通常将生鱼肉绞碎后加入大量的 Lime 汁 、粒状洋葱、蕃茄搅拌，最后放香菜 （Cilantro）提味。盐、香料、调味料可随意调整。鱼肉绞碎后有咬劲者为佳，某些鱼类冷冻脱水后效果亦不错，各种鱼类均可入菜，最高级餐厅及人家多用鲷鱼 （Red Snapper），次之用鲭鱼 （Mackerel）没钱用便宜的狭鳕片（Frozen Pollock Fillet），超市及餐厅多用纽西兰冷水鱼 " Hoki" Fillet 因为质量稳定，无添加药物之异味，价格公道。现又转用台湾大陆的吴郭鱼 （亦称罗非鱼 Tilapia fillet），经过一氧化碳 CO 处理后的吴郭鱼肉红白相间卖相极好，咬劲十足，广受西裔朋友欢喜。

南太平洋毛利人有将鱼肉调味后生食的习惯。但以夏威夷地区综合土著、山莫亚人、日裔、华人混合口味制成的 "Poki" 较著名，通常以 Tuna （金鎗鱼即鲔鱼）Poki 为主， 切成约两公分立方的小块加洋葱、海盐、芝麻油、酱油种种作料调味，每家公司、市场都有自已的秘方，争奇斗味。Poki 也可用旗鱼、生螃蟹、贻贝（ mussel）、 章鱼、尤鱼等等海鲜为原料，南加 Marukai 超市为夏威夷日裔经营，便有地道的 Poki 出售。

供应夏威夷各种 Poki 原料是我通常经营的项目之一。夏威夷地区工资高生产成本也高，我们精选细切处理好可即用的 Poki 原料大受老板们的欢迎。没有想到因此引起了工人的罢工事件，后来我们请工厂把鱼切成约六七公分的长条，让工人也可切上两刀，意思一下有点事做，才平息了工潮。

打开话匣子便停不了，大家也就姑妄听之吧！

卖鱼郎 2007/9/18

CEVICHE la poesía
Peruvian
Gourmet
Seafood
Cocktail
Don Gavacho
Brand

长鳍鲔烤飞霜

— Albacore Tataki

长鳍鲔鱼 Albacore Tuna（Thunnus Alalunga）是鲔鱼类中体形较小的品种，其胸鳍特长而较易识别，通常聚集在低纬度冷热洋流相会的海域，鱼肉煮熟后近于白色，其罐头制品深受消费大众喜爱。

长鳍鲔鱼在美国称为白鲔鱼（White Tuna），而且是法定名词，其他品种的鲔鱼罐头是不可以标示白鲔鱼的。也有罐头公司为了促销，称长鳍鲔鱼为「海中的鸡」(Chicken of the sea)。因为白色的鸡胸肉是美国大众的最爱，暗示白鲔鱼和鸡胸肉同样好吃。

加拿大西岸的北太平洋海区也有长鳍鲔鱼出没。由于高纬度水温较低，此处的长鳍鲔鱼油脂含量高而肉质松软，制罐时经高温高压处理后，肉便溶化了像鱼浆般，无法制成罐头。在西式料理中烧烤后也极易破碎难以成型，不受西方厨师欢迎。在乏人问津下，脂肪量高的长鳍鲔鱼价格一直偏低。

穷则变、变则通，在产地温哥华、西雅图等地的日式餐厅，试用「烤飞霜」方式处理脂肪量高的长鳍鲔鱼，即是把鱼肉的周围烤上一层薄薄稍硬的白色熟肉（飞霜)。如此一来，虽然切成薄片也不致散开，而且色泽层次分明，大多数人叫它 Tataki 或 Seared。Seared 即是烧灼的意思。

用「烤飞霜」方式处理后的鱼肉，切成薄片作成寿司淋上柚汁酱油（Ponzu sauce）待客，大受欢迎。焦香的外层加上松嫩即化的内部，极富口感的变幻，而且肉质细致肥不腻口，配上清香锐利的柚酸味，色香味平衡中带有变化，更是心畅神怡的消夏胜品，深为老饕们喜爱。从此 Albacore Tataki 或称 Seared Albacore 便为美国加拿大所有寿司餐厅必备的佳肴。美式餐馆将 Seared Albacore Tuna 配上蔬菜色拉，效果也不错。连日本也大量进口加拿大的长鳍鲔鱼为寿司食材了，不过几年，加拿大的长鳍鲔鱼价格飞升一倍有余。

由于长鳍鲔鱼肉质较软鲜度变化快，甚少鲜货供应，通常船队在深海以围网方式大批捕捞，在工作母船上立即整条冻结，以保新鲜。由于鲔鱼类生鱼片及寿司越腴润价值越高，不同渔区的长鳍鲔鱼含脂量高低有差异，原料价格是不一样的，船上设备好坏生产的质量也有差别，卖价也不尽相同。加拿大温哥华和美国华盛顿州虽然属于相同水域，质量便有差别，也有店家意图鱼目混珠，将南太平洋捕获供制罐用的脂肪含量较低的长鳍鲔鱼，当作加拿大的 Albacore Tuna Tataki 燕客，但这可骗不了精明食家的唇舌。

2007/02/17 除夕于罗兰冈

蜘蛛卷与软壳蟹

「来一份蜘蛛卷（Spider Roll）吧！」坐在吧台的客人说，厨师便将一只软软的，带有许多脚的生物丢在油锅内，炸熟后包在白米饭里用紫菜卷起来，用手递给客人，细细的脚还从饭卷里伸出来，恐怖极了，客人却沾着芥末酱油大口大口地吃得津津有味。

请不要误会，这里不是新几内亚原始森林的茅屋饭店，而是在好莱坞比华丽山庄顶级时尚美食餐厅。吃的也不是吓人的大蜘蛛卷米饭，而是软壳蓝色游泳蟹 （Blue Swimming Crab）的寿司卷。

软壳蟹（Soft Shell Crab）多是指脱壳时的蓝蟹（Callinectes Spidus），为美洲大西洋海岸原生品种。靠近美国首都华盛顿的奇沙比克湾（Chespeak Bay）水温低冷，蓝蟹肉美膏腴，产量甚多，脱壳 Molt 季节集中在五、六月。不像其他地区产地分散数量少，四季都在脱壳。故说起软壳蓝蟹的美味，非奇沙比克湾莫属。

希腊文 Calli 是「美丽」的意思，Nectes 拉丁文是指「游泳者」。顾名思义，牠是美丽的游泳螃蟹。数百年来，小蓝蟹仔随着美国帆船的压舱水（Ballast Water），漂洋过海在世界各地落户定居。在日本鱼市里可见到它们的踪影，北欧的波罗的海、南欧的地中海，它们也都落籍为异乡之客。

蓝色游泳蟹不像大肚短脚泥蟹（Mud Crab）或称 Mangrove

Crab 生活在泥沼里，牠喜欢在清水中遨游，体内少有泥沙淤积。奇沙比克湾的捕蟹人（Water Man）将捕到的活蟹暂养在大棚或室内的清水浅池里，日夜就近观察，当蓝蟹完成脱壳后立即捉起来包装出售。穿新壳的蓝蟹长大了三分之一，两天内全身都是软塌塌的，毫无自卫能力，如不隔离，便有被同类立刻分食的危险。将软壳蟹去掉鳃（Gill），全身连壳都可食用。蓝蟹换新壳后，纸一般薄的壳没包什么肉，蟹膏倒是不少，重量却很轻。

软壳蟹是论打 12 只卖的，大小用呎量，不论斤两。壳的宽度 6 英吋以上尊为「鲸 Whale」，5.5 至 6 吋称「特大 Jumbo」，5 至 5.5 吋叫「特级 Prime」，4.5 到 5 吋便命名为「酒店 Hotel」了。

华盛顿地区以酥炸裹粉软壳蟹为当地的无上美味。影响所及，日餐厨师们也将牠列入食材，把软壳蟹用在天妇罗 Tempura 菜系内。一位有创意的师傅，将软壳蟹油炸后加些红、绿色的蔬菜包在寿司里，取名为蜘蛛卷，色、香、味俱全并带有惊悚的效果，「蜘蛛卷」立即达到哗众取宠的目的，顿时成为华盛顿特区高档日式餐厅里必备的菜肴。

奇沙比克湾蓝蟹产量年年减少。有些地区鼓励人们多多垂钓，但限制捕捉母蟹数量，希望多生点幼蟹，并减少小蟹被鱼儿吃掉的机会。点子很不错，但成效不彰。环境学者说：由于岸边房地产大量开发引起水质污染，湾岸水土流失，人口畜物增加，大量营养物质流入海湾。导致生态改变，藻类滋生，进而遏制了原生物种的生存。最近油价飞涨，捕蟹人出海成本大幅度增加，而所得渔获无几，入不敷出。无奈之余，只得放弃祖传的讨海生涯，试图转业另谋生计了。

卖鱼郎　于罗兰岗 2008/7/22

日式料理的章鱼

日本料理店或寿司吧，一般都备有煮熟的章鱼待客。通常日本餐馆都是售卖现成的熟章鱼而非自己动手煮熟，烹煮章鱼需特殊工艺及装备，一般不常接触日本料理的朋友，很难一究其竟。笔者从事海产品进口生意多年，现选择几种日餐较常用的海产品种，给爱好寿餐的朋友们提供一些数据，在享受及品味鉴赏之余，多点话题，增加用餐时的情趣，不亦快哉 ！

一般市场餐厅销售的熟章鱼大多从日本进口，以真章（Madako Tako）及柳章（Yanagi Tako）为主。真章以西非所产较佳。柳章主要产地为日本北海道，两者之价差约四成左右。

西非真章产在摩洛哥及毛利塔利亚萨哈拉沙漠沿伸处的大西洋沿岸，此地含磷丰富，冷暖洋流汇聚水温适中，盛产提鱼（Anchovy），并为首足科鱼类如章鱼墨鱼尤鱼提供了最佳生长条件。这里的章鱼生长快速，肉质鲜美，口感脆嫩，深得欧日老饕们喜爱，国际船队捕捞后，在船上急冻外销日本及世界各地。当地渔民的捕获，在岸上冻结或就地销售，故质量较不稳定。本产品集散地在西班牙西非属地拉斯勃马斯（Las Palmas）市。

日本公司进口后，加工蒸煮在本地销售或冻结出口。在美国以亚裔超市日本寿司餐厅为主要用户。其他真章产地如日本中国韩国中南美等地，均不受美国市场客户喜好。萨哈拉沙漠以南，中西非亦出产相同品种，但滋味远不如上者。

普通餐厅爱用规格为每 10 公斤 4 至 5 只，超市 10 公斤 6 只亦能接受，通常使用白色保丽龙（Styrofoam）箱包装，带头去内脏去眼嘴将腿上翻成花状。为呈显鲜艳彩色，工厂会将其外皮染成鲜暗红色。

蒸煮大章鱼困难度非常高，需先在约摄氏零度的低盐水中慢慢解冻，保护其细胞组织不受破坏，然后用明矾食盐等添加物适度研磨，使至整条章鱼收缩成花蕊状，研磨时间直接影口感及咬度，研磨时从鱼体的收缩状态及外皮变化，即可判断其新鲜度及质量。由于章鱼不同其他鱼类，每只章鱼不尽相同，由于大小粗细的不同，捕获海域的不同等等因素，蒸煮时每只都得特别照料，大腿根中心部位刚从透明转为乳白色时熟度恰好　，不然有的夹生有些过熟，锅中温度通常用蒸气导管保持恒温。为了保护吸盘不受染色，需常换煮水。出锅后要立即浸入冰水降温，将鱼体熟度马上固定，再冷冻装箱，才算大功告成。

日本柳章不同于真章，其腿较长吸盘大小均匀排列像带叶的柳枝。真章的腿粗短第 7 至 8 号吸盘明显大些。柳章生长在高纬度，肉实皮厚口感较差，一般讲究的寿司店都避免用 Yanagi 做寿司原料。美国市场使用 Yanagi Tako 均在日本北海道生产，以木箱包装较多，也有使用保丽龙箱，由于使用 Yanagi 客户对价格比较重视，对规格要求从每 10 公斤 4 只、至每 10 公斤 10 只、都可接受。

中国真章也开始进入市场、规格甚小每包 1 公斤，数只脚无头真空包装，也受一般廉价餐馆接受。北韩水章规格过大皮厚肉少新鲜度差，煮后失重过多，虽然中国东北常有水章供应，销美的却不多见。

卖鱼郎 2007/01/05

日本寿司代表团即将访美

美国是个移民国度，几乎世界上任何口味在这里都可尝得到。这几年来，日式料理餐厅数目直线上升，由于日餐的风行，各式餐馆改卖日餐比比皆是。2006 年 3 月统计，仅纽约州，便登记了一万家以上的日本餐厅及食档，数目还不断在上升中。

由于寿司不同于汉堡与炸鸡，是口味轻又不油腻的健康食物，越来越受民众的喜爱，几乎美国所有的超市及大卖场如 Albertson 及 Costco 等，都有各种不同的寿司在其熟食部门出售，而且生意好到不行。其他城市的日式餐厅，也像雨后春笋般处处可见。许多中国泰国韩国等餐厅都纷纷在菜单中加进日式料理，以适应潮流。日本料理显然成为美国饮食界的新宠。

大多数日本寿司餐馆的经营者及料理师们，绝大多数并不来自日本，这些非日本籍的料理师们来自各行各业，并非个个都受过正规训练。这些转业的寿司师傅，在迎合美国大众口味的前题下，用其聪明才智，共同创造了美式日本寿司。

有两位洛杉矶的美国妇女，在家中车库里卖寿司起家，标榜为全熟寿司，不出几年，现在已是美国超市及大卖场寿司主要供货商，营业额数千万美元，成为媒体争先报导妇女创业成功的传奇故事。虽然在美国超市供应的美式寿司与在日本吃到的寿司口味差距很大，有点像紫菜包米糕，但是美国消费大众心中认定了这就是他们喜爱的日本寿司，并乐此不疲。如今美式日本寿司，也和美式中国菜的炒杂碎及芙蓉蛋一样，为大众喜爱及接受了，且有过之而无不及。

日本料理讲究原味及色泽，对食材要求较高，在视觉上对食物与器皿的艺术呈现非常挑剔，甚至到了不合理的地步，在日本泡沫经济顶峰时，更为突显，一条鱼少了几片鳞，便沦为次货，乏人问津。日人对所谓完美的渴望与追求，有时我们无法了解，他们认为美食与美观必需结合在一起，这与日本唯美文化背景是相吻合的。有人说：日本人是用眼睛吃东西，这一点也不为过。在日本，料理师傅的社会地位甚高，要面对味觉与视觉创新的挑战，通常学艺十年方能出师，在男权至上的日本社会，知名的女料理师比较少见。好的师傅虽不能光宗耀祖，也确为亲友津津乐道。如成为一派宗师，开门授徒，那更是一方神圣，如果您看过料理铁人的电视影集，便能理解一些日本吃的文化了。

日本寿司风行新大陆的消息传回东瀛，日本饮食界既喜又忧，喜的是寿司终于成为国际食物，不让法国薯条、德国汉堡、美国炸鸡专美于前。忧的是美国寿司对日本人来说，是种似是而非的怪诞食物，百分之九十九点九的日本人是不会去买来吃的。他们既不知市场需求，更不懂如何生产制作，与市场完全脱节。但是美国是全世界最大的消费市场，日本的汽车电子工业几乎大部分是靠美国市场支撑的。美国亿万元的寿司快餐市场，寿司母亲国日本的子民竟然连边都沾不上，这可是不十分光彩的事。于是日本政府苦思良策，帮助急欲进入美国寿司市场的日本商家，夺回认为应该是他们独占的市场。

日本政府宣布：将由日本农业部（Agriculture Ministry）主导，在 2007 年遣派由专家组成的访问团，宣扬正宗日本饮食文化（authentic Japanese culinary culture），协助消费大众辨认日本食物的等级，帮助美国建立调理日本食物的技术标准，并使用正确的日本食材。在美国行文的对口单位是农业部（U S Department of Agriculture），他们管辖范围是食品健康与安全，而如何调理及用什么食材去调理食物，仍非其管辖范围以内。不知 USDA 将如何回复 JAM 的要求？

为了了解美国寿司业者对此事的反应，作者特别走访了一家东南亚移民经营的寿司食品公司，营业额少说也是八位数以上，业主说：「真的吗？这是个好主意，但是，我现在最烦恼的是客户订单太多，人手不够，工厂扩建都来不及，真是无暇顾及其他了。」看来，日本寿司访问团来美的任务，将会十分艰巨。

从美日寿司的差异中，可体现单一文化融入多元文化族群后产生的变化，与原有文化的争议及冲突。其实类似美日寿司那种较好的思想差异，多多少少会发生在多元种族的社会中，想拉进族群间的思想差距，唯有试图相互了解，彼此容忍，与接受不同意见。只是冒然倡导一己的想法，多半是徒劳无功的。

卖鱼郎 2007/01/26

四鳃鲈的故事

话说三国时的吴郡，一个秋高气爽的好日子，曹操大宴宾客。席中没有鲈鱼脍，曹操不悦地说：「今日高会，珍羞略备，所少吴江鲈耳。」意思就是今天的盛会，好料差不多全都有了，唯独少了吴江鲈鱼。可想而知，一千八百多年前，秋风起时如果没上几条松江四鳃鲈飨客。就像今天在上海秋冬时节宴请贵宾，席中没阳澄湖大闸蟹一样不对劲，没面子。

后世学者公认松江是太湖入海的三江「娄江、松江及东江」之一。北支娄江即今之浏河经昆山太仓入海。中支松江即今天的苏州河或称吴淞江，经上海市接黄浦江北上入海。至于南支东江，现已淤塞。古人所说的吴江府，大约在今天上海市东方三十多公里，在现今台商集聚的上海昆山附近。

古时吴江松陵有垂虹桥，桥上有鲈乡亭，宋代孔平仲《谈苑》中说，「松江鲈鱼，长桥南所出者四鳃，天生脍材也，味美肉紧实，终日色不变，桥北近昆山，大江入海所出者三鳃，味带咸，肉稍慢，迥不及松江所出。」笔者卖鱼为生，除了咸鱼外，还没尝过自身带咸味的鱼肉及见过四鳃或左二右一共三鳃的鱼类。还是李时珍《本草纲目》中引杨万里的诗真切些：

「鲈出鲈乡芦叶前，垂虹桥下不论钱。

买来玉尺如何短，铸出银梭直如圆。

白质黑文三四点，细鳞巨口一双鲜。

春风已有真风味，想来秋风更迴然。」

鲈鱼喜藏在芦苇水底，鱼体巴掌大小，黑背白腹，头宽口巨尾小，春秋时节肉实肥美。诗中把松江鲈鱼的产地、产季、模样描述得平实可信。

古时没冷藏设备，吴郡人把鲈鱼腌制脱水保鲜北送给皇帝老爷，御厨用金色的橘子皮细切如缕制成鲈鱼脍，隋炀帝称之「金齑玉脍」。宋朝老饕诗人苏东坡也喜欢用碎橘子皮加香菜煮鲈鱼，诗曰：

「金橙纵复里人知，不见鲈鱼价自低。须是松江烟雨里，小船烧薤捣香齑。」

古人除了用橘子皮制成鲈鱼脍方法外，便是用莼菜来作鲈鱼羹了。千年以来，没有任何一种鱼类菜肴比「莼菜鲈鱼羹」更被骚人墨客歌颂赞美的「秋风莼美更鲈肥」，松江府秋天的鲈鱼脍，好吃得简直没得说。《世说新语，识鉴》记载了千里莼羹著名的故事；晋人张翰，在洛当官，一阵秋风吹来，勾起家乡鲈鱼羹的馋念，口水直流，官也不要干了，曰：「人生贵得适意尔，何能羁宦数千里以要名爵！」便弃官回乡，闭门不仕。相传，乾隆皇帝每次下江南时，也都要到松江府来碗鲈鱼羹解解馋，所谓「莼鲈之思」也。

莼菜（brasenia schreberi）亦作「莼菜」又名「水葵」，睡莲的一种，多生于江南地区水畔，为多年生宿根草本，为普通老百姓的菜食，台湾日月潭也曾发见其踪迹。夏季开暗红色小花，嫩茎叶背有胶状透明物，无味，以鲜笋鸡或火腿或黄鱼制羹，汤汁滑溜圆融使味留舌齿。若无鲜汤搭配，即淡涩无味。名作家叶圣陶说：「嫩绿的颜色与丰富的诗意，无味之味真足令人心醉。」每年四、五月江南水乡民众多采尚未露出水面的嫩叶食用。1999年 8 月 4 日国务院批准，莼菜为国家一级重点保护野生植物。近百年来未见有文人记录实际尝过「鲈鱼莼菜羹」的文字。笔者曾问过 40 年代后从上海地区移居香港及台湾的老人家们，也都未曾尝过「四鳃鲈鱼莼菜羹」这道江南千古名菜。

四鳃鲈（Frachidermus Fasciatus）并不是一般民间指的鲈鱼，也没四个鳃，「四鳃鲈」的名称应为江南一带的俗名。属杜父鱼科，是回游肉食底栖鱼类，每年深秋降海，春节后游到海水与淡水交界处待产。幼鱼在春夏之交溯河生长育肥，成熟期为一年，成鱼仅有 50 至 100 公克，手掌长度。此鱼分布甚广，西太平洋海水域，日本、辽宁、山东、苏北至福建甚至菲律宾都可见其踪影。

各地对此鱼有不同的名称，辽东、山东半岛叫它媳妇鱼、老虎鱼，爬地虎、老婆鱼，苏北、崇明岛百姓管它叫花娘子，花鼓鱼。外地人有眼不识泰山，都不知这大头巨口不起眼的小鱼，竟是名垂千古的四鳃鲈，当然也未曾被入馔为地方珍肴。

根据记载，1950 年代上海地区的渔汛还捕获了一万斤（五千公斤）的四鳃鲈。1970 年后四鳃鲈就几乎在上海地区绝迹了。1972 年美国总统尼克松访问上海时，周恩来总理亲批的菜单里便有松江的四鳃鲈。1986 年英女王伊丽沙白二世来上海时便没口福了，那时上海地区根本找不着四鳃鲈。如传闻属实，尼克松先生大概是最后喝到松江鲈鱼羹的世界名人。

由于江南一带「四鳃鲈」活体样本难寻，上海复旦大学研究人员多年来从福建到辽东走遍大江南北，终于在中韩交界的鸭绿江畔丹东及山东文登找到了四鳃鲈种群。2010 年 11 月成立的「上海四鳃鲈水产科技发展有限公司」在苏州河又称吴松江的上游，上海青浦淀山湖畔，离古时松江府不远，也就是在 1800 年前曹操宴请宾客叹无松江鲈的附近成立了。董事长王金秋博士表示，现在已经攻克了育苗技术，有一万多条水花苗。由于四鳃鲈是国家二级保育动物，第一代鱼苗只能流放，不允许商业贩卖行为。所以，公司今年将在长江口实施第一次四鳃鲈鱼自然环境流放。

虽然资金紧张，投资人却步，但公司对四鳃鲈的前景充满信心。「明年这时候第二代四鳃鲈就成熟了，我希望它们游回上海人的餐桌上。」但是否能拿到贩卖准证，王博士心中没底。至于定价，王博士还没考虑过，有人建议以罕见的长江刀鱼价格作参考，长江刀鱼在上海水产市场批发价整尾每公斤人民币 400 至 1000 元。以长江刀鱼价格推算，四鳃鲈理想价格是：整尾每公斤 58 至 147 美元。泥鳅大小的四鳃鲈鱼头大肚实，净肉不多，出肉率约 35%。去皮去骨净肉约值，每公斤 168 至 420 美元。

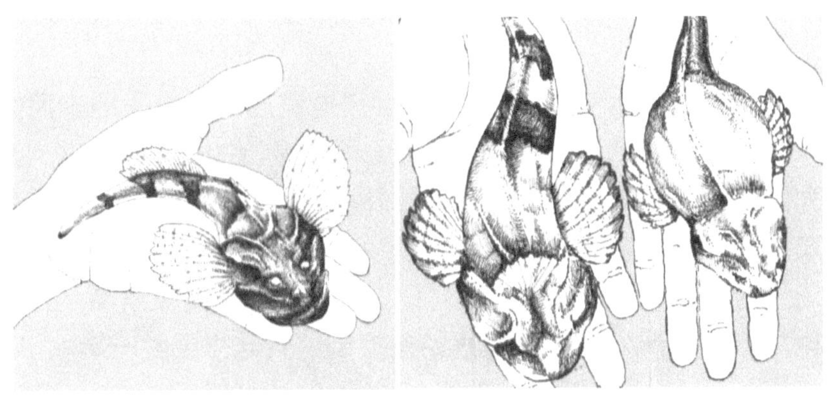

四鳃鲈比例图（Toben 先生绘制）

四鳃鲈终于能重归上海地区的自然生态环境，对上海保育人士来说，真是一个天大的好消息。（图像摘自网络）

卖鱼郎 2009/12/11

<附录 KF 来函>

1993 年赴大陆探亲时，曾顺道游览西湖，见当地农民俯卧木板采撷某种水生植物，经询问陪同亲戚始知系采收莼菜。亲戚为满足我的好奇心，除在西湖楼外楼餐厅点了莼菜汤（非鲈鱼莼菜羹），而且购买瓶装莼菜赠之。携回台湾内人以高汤烹调莼菜汤，食用前滴下少量镇江醋，只觉汤味鲜腴，莼菜滑嫩，颇有惊艳之感。心想如以松花四鳃鲈鱼烩制，其味当更胜一筹。

<卖鱼郎回复>

莼菜汤汁滑润取其口感及新清的苦涩味，与肉或鱼类熬出的汤头平衡后，会出现绵延回味的好味道。其实苦涩也是种好味，但中厨愿调理的人不多。

鱼子酱与马兰头

一　兼谈世博国宴

上海世博会于 2010 年 4 月 30 日晚开幕。当夜，二十国元首及政要均受邀参加了国宴，宴会的焦点是来自美食王国的法国总统沙克吉及艳丽的夫人卡拉布妮。而全世界的美食界及老饕们最关心的议题则是：上海世博会准备了何种盛宴来款待嘉宾？

餐具、美酒、美食是盛宴中相得益彰、缺一不可的三项元素，贵客入席后所面对刀叉杯盘的档次通常就相当于盛宴的水平。「葡萄美酒夜光杯」被人传诵千年，千年前喝的葡萄酒由那家酿造没人知道。但是用最珍贵的夜光杯喝的却永不被人忘怀，可知餐具对盛宴的重要性。虽然中国是世界上的餐具出口大国。报导说，国宴用的餐具是用的法国及日本的高档进口货。

美食要配美酒来享用，好像小说中英雄定要有美人相伴的道理。为与世界外交习惯接轨，1984 年外交部就明文规定，国宴中不再用烈酒敬客。当年周恩来总理在钓鱼台把季辛吉博士灌得七荤八素。促成中美建交的功臣「顶级茅台酒」这次就派不上用场了。

通常，在高贵的宴席中享用的葡萄酒往往超过美食的价值。此次国宴用酒是奥巴马总统不久前来上海饮过的山东烟台张裕牌的赤霞珠干红（Cabernet Savignon）及霞多丽干白

（Chardonnay）。但另有报导说：是奥运会专用河北沙城长城牌干红及干白，也许大会不愿造成两派饮友的不悦，故未公布。至于盛宴用的餐前酒是香槟或是国产的气泡酒及某灵山的气泡泉水？可能由于没有供应，媒体未报导。

图为中国产乌苏里江鱼子酱（摄影 Reed）

世博国宴的菜肴，由上海餐饮界龙头锦江集团的沪菜名厨赵仁良先生，以及上海国际会议中心海派雕花名厨苏德兴先生主持。采取上海百姓家先尝冷菜后吃热食再进水果甜食来结束的饮食习惯供餐。以江南时令菜蔬鱼鲜与国内著名食材配搭，用西式食法炮制了一冷盘、四道热菜，水果甜点的海派牛排大餐。盛宴菜色及食材如下：

雕花冷盆 — 由小鲍鱼、烧鹅、紫菜蛋卷、虾肉、甜豆、西红柿配以四味小菜：白灼马蹄、毛豆烤麸、椒盐蚕豆板、世博吉祥物「海宝」酥，是海派经典冷菜。

荠菜塘鲤鱼 — 乡间野生约 10 克重的时令小塘鲤鱼鱼片烩野生荠菜茸，为上海地方的家庭美食。

黑鱼籽龙虾 — 黑鱼籽〔即鱼子酱 Sturgeon Caviar〕，采自乌苏里江、南瓜来自上海本地、龙虾产自海南。麻油馓子是上海的传统小吃，原料均来自国内，经烹调后融合为一体，企图得到清淡、环保、绿色的效果。是高档的海派创意料理。

一品雪花牛 — 以大连雪花牛、菜胆、茨菰、手指萝卜为原料。大连雪花牛入口鲜嫩多汁，口感丰富、与进口牛排相比毫不逊色。盘头配搭扬州的茨菰、上海的小塘菜〔上海青〕、菜胆、小萝卜，组合成一道上海风味的牛排大菜。

节瓜盛春笋炒豆苗 — 是上海春末夏初的时令蔬菜，精选的笋尖和豆苗嫩叶，是江南吴越人家的家常美食。

上海馄饨配面包 — 馄饨是上海的平民小吃，以田间野菜马兰头、自制的豆干、淡水的河虾仁及开洋虾米为原料组成，配搭了自焙的面包更具国际特色。

慕斯时鲜水果盘 — 中西合璧椰奶绿茶慕司及柚子、梨、芒果、草莓、杨桃等五种水果组成的甜食，加上栩栩如生的「 海宝酥」，完美地结束了上海世博盛宴。

至于餐后酒、咖啡或中国茗茶，笔者没见到报导，值得一提的是：国宴中全部上菜过程在预定时间 33 分钟内如期完成。

多次担任国家领导人餐饮服务工作的卢樱华表示：简朴健康的绿色时令食材，体现了中国风情和海派特色菜肴，获得了贵宾一致的赞许。尤其是贵宾们吃完牛排后赞不绝口，频频点头称道，入口即化，太棒了！中国牛肉绝对可以出口到其他国家，足以让外国人尝尝中国牛肉的美味。

这顿世博盛宴食材，除了国产牛排与国外的差可拟外，其余美酒佳肴的实质反应却是乏善可陈。也许是上菜时间较短，习惯细尝慢饮的贵宾们望着麻油馓子、黑鱼籽酱炒龙虾还未定神时，盘子就被有效率的服务员收走了。雪花牛排是人间美食，配上极品佳酿更让人有幸福感。但马上接着来碗上海民间美食马兰头河虾馄饨，贵客肚子容忍度可能会稍差一些。

黑鱼籽，也称鲟鱼籽酱（Caviar）是世上富极人士的珍馐，顶级的 Caviar 市价每公斤要美金千元以上。国产鲟鱼籽已经骄人地达到每年一万公斤产量。马兰头是吴越人家最喜爱的产自田埂的时令野菜，市价不过一美元一斤。世博盛宴将这两种绝然不同的食材同时呈献在餐桌上，充分地表现了上海市海纳百川、美好城市、美好生活的世博理想。只可惜，这两种精心挑选的食材在盛宴中未曾能吸引到嘉宾们的注目。

卖鱼郎罗兰岗 2010/6/2

图为国产知名品牌鱼子酱

得成比目何辞死

同事 Reed 在阿拉斯加捕获的鲽鱼

「得成比目何辞死，愿作鸳鸯不羡仙。」这是唐代诗人卢照邻「长安古意」中描述人间至爱的不朽佳句，形容比目鱼生死相随的深情，千年以来一直为人们传颂。形影不离的戏水鸳鸯大家都见过，但是两条比目鱼在水里并体游泳，科学文献中却从未出现。

得成比目何辞死

比目鱼（Flat Fish）是属底栖鱼类，大多数生长在海底的泥沙里，向上一边的皮肤有较深的保护色，底部为白色，两只眼睛或靠左或靠右长在一起，不仔细观察还以为是独眼怪鱼呢！平时在躲在海底泥沙中，只有双眼留在沙外一动也不动，其他海洋生物游过时也发觉不了它的存在，等到适合猎物经过，一跃而出到口擒来鲜有失手。比目鱼体型大小不等，北太平洋的大比目鱼 Halibut（Hippoglossus Stenolepis）有重达 220 公斤，长达 260 公分的记录。其肉质结实雪白鲜美，是西式鱼排料理的高级材料。

比目鱼种类繁多，在中国就有一百三十多种，有平科、有鲽科、舌鳎科等等。眼睛长在左边的叫鳒，日人叫平目，长在右边的叫鲽。各地叫法也都不同，辽东半岛出产的大比目鱼，当地人叫牙片鱼（牙平），家常焖牙片鱼的作法是以豆酱红烧，是东北大连的海鲜名菜，大牙片鱼（Hirame）是寿司的珍贵品种，曾在日本鱼市飙高到三十多美元一公斤，牙片鱼的裙边肉（Ingawa）更是饕客的美食。小比目鱼叫偏口鱼或小嘴鱼，通常讨海人家把鱼盐渍风干数日，制成半干状的咸鱼备用。「咸鱼饼子」是把咸偏口鱼蒸或煎后，就着玉米饼子吃，这是辽东半岛游子日夜思念的家常小食。

广东话「利」就是舌头，广东珠江口的舌鳎比目鱼肉质细嫩鲜美形状极像舌头，直可比美龙的舌头，清蒸舌鳎鱼就叫「清蒸龙利」，现在全世界中餐厅只要是蒸比目鱼的菜肴都称谓「清蒸龙利」了。广东人精于美食，为菜肴命名的想象力世上无人可及。

其实比目鱼小时候长得像普通鱼一样，眼睛在两边，嘴巴在中间，脊背向上也在水中直立游泳。当小比目鱼长到大概三公分时，身体开始发生变化，两眼间的头骨软化消失，眼睛从另一侧开始慢慢地搬家，通过头部上缘向另一眼靠拢，直到两眼长在一起时才停止移动，生活范围也从海中沉至海底。此时鱼身变为扁平，侧身游泳，两眼向上平躺在海底栖息。

古人观察比目鱼，两只眼睛挤在一起，好像只有一只眼，身体扁平半白半黑好像半边鱼，有些只有左眼，有些只有右眼，鱼体形状样子又差不多。《临海异物志》记载：「比目鱼一名鲽一名鳒，状如牛脾、鳞细、紫黑色、一眼、两片相合乃得行，故称比目鱼。」也有古籍说：东边的地方有种比目鱼，要两条鱼合在一起，眼睛比着眼睛，才能行动，不比在一起就都行动不了，好像

双飞的蝴蝶一般，所以叫鲽鱼。《尔雅，释地》注曰：「东方有比目焉，不比不行，其名谓之鲽。」

但愿古人所述的「比目」真有其鱼，鳒鲽情深卿卿我我，相随并泳，长相厮守，此世今生永不分离。

卖鱼郎　　2007/4/23 罗兰岗

章鱼保罗外传

四年一度的世界杯足球大赛于 2010 年在南非举行，德国奥伯豪森水族馆里有一只叫「保罗」的章鱼，连续八次准确地预测了比赛胜负的结果。神奇的「保罗」颠覆了世上最大的赌博业活动，跟随「保罗」明牌下注的千千万万赌徒莫不眉开颜笑，甚至有签赌角头想请它来台湾谢恩。国际赌博集团却把「保罗」恨得咬牙切齿，输球一方也千方百计的要把「保罗」置于餐桌上才甘心。

在中国，为了抚慰被「保罗」伤害的球迷的感情及提供他们泄愤的机会，北京一家运动餐厅推出了吃活章鱼看足球的活动，炒、爆、炸、涮、煮一应俱全，推出后立即门庭若市，章鱼价格也从 18 元人民币一斤〔500 公克〕涨到 30 元，且供不应求。

世界杯结束后，全世界的投机份子都在打「保罗」的主意，想在下次世界杯中借「保罗」的神奇预测能力大捞一笔。但天不从人愿，保罗已过两岁，是章鱼一族垂暮之年。四年之后的世界杯出示明牌的机会几乎没有。保罗在章鱼族中属「真章（Octopus Vulgaris），是章鱼中较高价的品种，成章每只 2 到 3 公斤以上，章鱼一生只能生育一次，科学家还没办法用人工受精孵育出有保罗基因的章鱼来，水族馆里也从无大章鱼生小章鱼的记录。所以，「保罗」准确预测世界杯输赢的神奇事迹将成足球史上之绝响。

章鱼是最聪明的无脊椎动物，八脚中分二足六手，生存能力极强，必要时能自食手足来延续生命，并能快速自愈再生。它全身柔软无骨能在狭小的空间里进出自如，喜爱藏身在海中瓶罐里，有古董商人利用它打捞深海沉船里的古瓶。

在水中章鱼可模拟各种生物、海藻的形态，又能随机改变皮肤的颜色以躲过天敌。水族馆管理员观察报告中提及，章鱼可做出打开瓶塞摄食、走出迷宫猎食等等高难度的动作。一位在印度尼西亚稣拉威西潜水的科学家，亲眼看见一只章鱼装成与坠落在海底的椰子壳一般的模样，用两只脚偷偷地溜出他的视线，因而大为惊叹。

无可质疑的是，神奇的「保罗」在世界杯中扬名提升了章鱼在海产界的地位。不少老饕都想尝一尝章鱼的滋味。其实章鱼的美味主要由于它热衷于摄食虾、蟹等甲壳类海中生物。由于章鱼必须补充抗氧化物质「虾青素」（Astaxanthin），简称 ASTA，保证肌红蛋白结构稳定，所以不断猎捕有丰富虾青素的虾、蟹为食。这也就是为什么在海洋自然生态影片中总有章鱼大战龙虾的场景。德国与西班牙的国旗都有条状的龙虾红色，这也许是章鱼「保罗」在世界杯中挑选明牌时重要的参考数据之一吧！

中文里章鱼又称为「蛸」，自古文人骚客们并没留下大啖章鱼或蛸的记录，文献中的「海八珍」指的是燕窝、海参、鱼翅、鲍鱼、鱼肚、干贝、鱼唇、鱼子，也没提到章鱼。在中国各处海鲜餐厅的水缸中少有章鱼供应，在沿海城市季节来临时卖的活章鱼多是平均 50 克左右的「短脚蛸」(Octopus Ocellatus)，或是每只约 150 克的「长脚蛸」(Octopus Variabilis)。短脚章鱼口感脆嫩较合适炒、涮、煮等烹饪方式，尤其是辽宁庄河一带所产的短蛸更为鲜脆，秋季头袋含卵，当地人更视为珍馐。长蛸腿长有咬劲，切段爆炒也有一番滋味，较适合北方人的口感。多年前我在宁波吃过一次卤水章鱼，是嫩中带韧、汁中有鲜的「长蛸」，迄今未能忘怀。

左图：西非洲摩洛哥章鱼

中国最好的真章生长在闽江口的平潭岛一带，那儿笼捕的活章空运到日本是抢手货。长江以南，浙江舟山群岛至闽南东山岛均为产区，台湾海域也有真章但数量不大。章鱼生长快速，渔民将笼捕的野生小真章放在海中养殖浮筏中喂以虾蟹，不数月便增重数倍可以出售了。短章较耐寒冷，现在的中国北方沿海，在养殖池内养殖短章已经成功了。

日式料理的章鱼叫「它口」（Tako），大多是煮熟的章鱼。吃生章鱼的人也大有人在，在日本、韩国吃生章鱼找的是齿感。笔者曾在日本四国德岛吃过一次顶级的鸣门真蛸杀西米，一小片章鱼比牛皮糖还够劲，嚼呀嚼呀章鱼的鲜汁慢慢从齿龈间渗出，滋味还不错，我嚼得兴起，不自觉把自已的舌头也咬出血了。我曾在韩国釜山吃过的、韩文叫「那气」的活长脚章就不同了，盘中脚爪粗约小指的长蛸被切成数段在盘中还在缓缓蠕动，将章鱼脚沾了腥红色的辣椒酱料塞入口中后，感觉章鱼在嘴里不停的翻动，像牙医用手指检查口腔一样，当看到同桌老韩嘴巴一张一合，想到里面有还会动的章鱼时，我就无条件投降了。

真章喜欢生活在高盐度 27-35 度海水及水温 15-23 C 度的沙砾水域，全世界都可发现牠们的踪迹。地中海盛产章鱼，沿岸意大利、西班牙、希腊、葡萄牙、法国及葡萄牙等拉丁族裔都视章鱼为海中珍馔。撒哈拉沙漠在非洲西岸摩洛哥、毛利塔利亚延伸入海，沙砾里含磷量高，冷暖洋流汇聚，有充足的浮游生物，盛产鳀鱼、虾蚧，为章鱼提供了丰富的饵料，是出产高质量真章的最大渔场。在摩、毛两地捕护的真章为老饕最爱，稍做处理，在盘中用叉子都可切断享用。日本渔市也数此地出产的售价最高。撒哈拉沙漠以南中非地区捕获的真章价位就差多了。

美国市场以西岸墨西哥族裔及居东岸波多黎各后裔为主要购买族群。西班牙文 Pulpo 指的是章鱼，在美国西岸以冷盘白切章鱼 （Pulpo Cocktail）为主，东部波多黎各族裔章鱼菜式极多，我偏爱在圣璜尝到火燎章鱼浸蒜茸橄榄油配白葡萄酒。由于价格要求偏低，多用东南亚热带海域珊瑚礁所产较低价的虎斑大章鱼，一年少说也有上万吨的需求量。

在菲律宾珉达拉娥省与东马来西亚沙巴省海峡间抓章鱼的渔民，多是终年生活在船上的无籍游民。母船把他们散放在大海中，渔民身系浮筒漂浮在的珊瑚礁上，用手中假饵挑衅礁中章鱼，极具攻击性的章鱼受不了挑衅，一怒而出抱住满身倒钓的假饵，渔民拉起章鱼塞进背网中，然后继续作业，数小时后母船来收购渔获，接回船民，一日所得并无数文。我在岸边看到捕章人在茫茫大海中所赖以维生的简陋配备时，不寒而栗，不由感谢上天对我们不需下海捕章鱼的恩赐。

10 月 26 日德通社报导：「章鱼保罗」凌晨于奥伯豪森水族馆水缸中逝世，享得两岁半的天年。由于保罗太出名了，耗讯也成为全球焦点。据报导章鱼保罗将会获得厚葬，水族馆要给它建立一块「纪念碑」，内中包括它的骨灰。笔者心忖：章鱼无骨那来的骨灰，那一定是陪葬粉丝的遗骸。此外奥伯豪森水族馆已在培养「保罗二世」， 是一只和保罗同类的章鱼，显然保罗的生命会得以延伸。「保罗二世」 将参加 2012 年欧洲杯比赛的预测活动。水族馆经理表示，工作人员非常伤心，保罗曾是世界杯谈论焦点，带给大家难忘的回忆。

但有网络小道消息说，保罗是死于非命的。可能的原因为；

1）德国籍章鱼没选德国队胜出，所以被德国球迷做掉了。

2）此章不可留，留了添怨仇，被国际赌博集团杀了。

3）西班牙赌徒球迷们太爱喂保罗了，所以它是被胀死的。

4）中国足协预付了数百万欧元的定金给奥伯豪森集团，欲请保罗当中足协委员，保罗听到后就一头撞死了。

卖鱼郎 2010/10/26

生吃牡蛎要当心

日前世界日报报导，由南加州某水产公司进口的韩国冷冻牡蛎，含有消化道病毒 Norovirus，在奥利冈州引起八人食物中毒的事件。牡蛎又称蚝，蚵蜊等，英文为 Oyster，与蛤类（Clam）、贻贝（Mussel）是同属双壳贝类 （Bivalve Mollusks），全世界有 200 多品种的牡蛎，此次致病的 Crassostrea Gigas 俗称太平洋牡蛎，肉质细腻洁白清甜味美，颇为美食家称赞，美日韩法中等国均大量养殖。

牡蛎以过滤方式摄食，其双壳张合之际，便将水中微生物及养份留在体内，所以牡蛎生长水域的水质，是决定其食用是否安全的重大因素。牡蛎是在古罗马时代便是公认的养生美食并俱有催情作用，价格公道广受大众欢迎。由于牡蛎可食部分多为其内脏，并以生食为主。牡蛎体内含丰富蛋白质，极易腐败。如水质不佳亦易受到污染。其污染源来自城市船只排水，及畜牧区排泄物带来的细菌和过滤病毒，及水中有毒藻类，和其它微生物毒素重金属毒素等等。

生吃牡蛎要当心

每年夏天水温升高，微生物细菌滋生，牡蛎受病灶感染机会大增，捕捞后也极易死亡，所以夏天为生食牡蛎的高危险期。此次滋事的牡蛎便是盛夏 2006 年 8 月 4 日 生产的。一般有经验的老饕，在没有 R 的月份里，就会避免吃生蚝。像 5 月（May）6 月（June）7 月（July ） 8 月（August）便是没有 R 的月份。

食生蚝中毒的病况有时非常严重，每年都有死亡的报导，美国食品药物局 FDA 更将生牡蛎 （未经煮熟）及其他生双壳贝建立项目控制管理国家贝类卫生计划（The National Shellfish Sanitation Program），其中对合格水域，捕捞包装，运输方式，温度控制等等，均有详细明文的规定。读者可向 www.fda.gov 网站查询。

NSSP 并规定所有生蚝包装物均须有卷标及识别号码以便追踪管理，不然就视为违法行为。但是煮熟的双壳贝便不在上述管理条例管制下，将生蚝煮熟不失为一种安全的方法，只要把生蚝中心温度加热至华氏 155 度 3 分钟约摄氏温度约 70 度便可杀死百分之九十九的细菌及病毒，这是能消毒又不会煮过头，不失去美味的好方法。

想吃生蚝最好去比较专业的餐厅或者是有信誉的海产市场，用鼻子嗅嗅有无异味，不失为吃生蚝前的好习惯。旅行国外尤其是卫生较落后的地区更要注意，虽然就在海边或产地，还是尽量不要生吃双壳贝类，如有老人小孩随行要更加小心，在医疗不足的地方食物中毒，可不是件好玩的事情。

卖鱼郎 2006/12/13

黄花鱼的悲歌

大黄花鱼（Larimichthys Crocea）古称「石首鱼」，是自古江浙沿海的平民美食。唐代陆广微的《吴地记》中记载，公元前505 年（约 2500 年前），东夷人侵吴国（现浙江沿海一带），吴王率军入海逐之。屯兵在沙洲上，相守月余，海上风浪太大，军粮无法渡海送达，吴王焚香烧炉祷告，言毕，东风大震，水上见金色一片逼海而来，绕吴王屯兵之沙洲百匝，派人打捞，得鱼，食之鲜美，鱼为金色，不知其名，见鱼脑中有块骨头有如白石，吴王命名此鱼为「石首鱼」。

大黄花鱼成鱼约 35 至 45 公分长，大者可长至 80 公分，是我国特有近海回游鱼种，多产于长江口以南海域，每年春末成群游向沿岸河口盐分较少的浅海处繁殖产卵。渔汛来时捕获量甚大，体色金黄、肉白鲜嫩、状如蒜瓣、价格便宜，是浙、闽、粤沿海百姓的佳肴海珍，更奉其鱼膘为滋补圣品。渔民将剩余的黄花鱼晒成咸鱼保藏，每年春末，东南沿海渔村千家万户的空地上晒满了黄花鱼，蔚为奇观。

温州某捕捞队做船老大的江光和老先生回忆说；「以前每逢渔汛，我们站在岸边都能听到大黄鱼求偶产卵时鼓动鱼膘发出的咕咕咕的叫声，成片成片，两个人说句话都要高声大喊才能听得清楚。有经验的人用耳朵贴在船板上听鱼叫，便能判断鱼群密集程度和方位，以便下网。」

1958 年中国发动了「大跃进」运动。1959 年渔汛开始，从南至北的船队都开来了，有老式篷（帆）船，也有机帆船，总共约五千多艘，五万多渔民同时投入海域追捕鱼群，海面渔船云集声势浩大，掀起了丰收夺标、创造高产纪录的竞赛。

黄花鱼及石首鱼种对声音具备特殊感应能力，有在产卵期鼓动鱼膘发声，集体游向淡咸水交汇浅滩产卵的习性。东海渔民便发展出一种以声学原理有效围捕黄花鱼群的新方法。由于黄花鱼头部有一对耳石，当水中声波剧烈振动时，耳石也随之振动，在声波大到鱼儿无法忍受时便晕眩般地在水中浮沉。这种在船上敲击木板的新捕鱼法，可以一网打尽前来产卵的黄花鱼群。

此法浙、闽方言叫敲或称敲罟，敲罟需要两艘大船和数十只小船合作完成。这样的一个组合叫做「一槽」。鱼汛来时，两艘大船在相隔一定的距离下锚，并张起大网。数十只小船在网前围成一个大的半圆圈。每条小船一人负责摇橹，两人敲打伸在水中的木板，将发出的声响传入海中。数十只小船一边敲响木板，一边收缩逼近，渐渐把晕头转向的鱼群赶入张在两艘大船间的大网里。

数十只小船同时敲响木板到底多严重？据说有一位潜水员在敲罟作业时潜入海中一探究竟，巨大音波的的震慑力让他在水中仅呆了几秒钟便忍受不了。难怪水底鱼群顿失知觉，自投罗网无一幸免。当时的《浙南大众报》曾这样报导，这里黄鱼堆成山，管你吃个饱，每人平均三斤……。黄花鱼产量进入了疯狂的「黄金期」。

此种绝灭性的捕捞，停停续续一直到七十年代。吾友小邱是闽北连江县小城乡人（马祖岛对岸），他说，七十年代大黄鱼产量达到了最高峰，政府号召大家多吃黄鱼支持渔民，黄鱼为「爱国鱼」的名号不胫而走。吃不完的鱼要用盐渍起来，那时他家乡的盐比黄鱼要贵。

据「中国食品产业网」2007 年 1 月 30 日追记 1974 年舟山渔港的情景：「那时每到黄昏，渔船归港，大黄鱼在码头上堆积成山，只要和渔民说一声，可随便拿一些大黄鱼回家。」1974 年舟山地区大黄鱼产量高达 1370.72 吨，比 1973 年增加了 69.4%。那年，在围捕近海产卵的大黄鱼之后，又穷追不舍地围捕外海越冬海区的大黄鱼。此时，东海黄花鱼已经无逃于大海，大家只顾庆祝丰收，还误以为发现了新的渔区。

到了八十年代大黄花鱼基本绝迹，如果渔民捕到少许大黄花鱼便成了大新闻。八十年代后期中国经济崛起，民间喜庆燕席增多，深藏在记忆里的美味大黄花鱼却一鱼难求。到了九十年代末期海捕野生黄花鱼已市值每斤（500 公克）800 至 1000 元人民币，每磅约美金 120 至 150 元，而且供不应求。

1985 年大黄花鱼人工育苗在福建省宣布成功，1990 年代在闽北地区海湾以网箱方式实施人工养殖，产量逐年增加，现在（2013 年）在美国南加州华、韩裔超市可买到每磅 3-4 美元的冷冻养殖黄花鱼了。

2004 年国家海洋渔业部在上海南部洋山港放流了 250 万尾 5 厘米长的黄花鱼苗，2005 年放流 503 万尾及 2006 年 450 万尾，每一万尾预计可成长 1500 尾的亲体。三年后可能有 440 公斤（0.44 吨）的资源产量，但现今河水污染严重海域生态改变，东海大黄花鱼的族群能否再生，实属疑问。浙、闽省各渔业单位也

大力放流鱼苗及以禁渔方式企图恢复黄花鱼资源。

但往日黄花渔汛时咕声四起、金涛拍岸的景象恐永难再现了。

卖鱼郎 2013/7/7

取其鳔灭其族

您知道世界上最贵的海鲜是什么？海参、鱼翅、鲍鱼、鲟鱼籽，黑鲔腩？都不是，您也许不相信，是中国东南沿海产的黄唇大黄鱼（Bahaba flavolabiata），属石首鱼类，浙江人叫它黄甘、黄金鮸鱼，闽粤人称金钱鮸、金钱猛。黄唇黄鱼比一般大黄鱼大很多，成鱼体长 1 至 1.5 公尺，重 15 至 30 公斤，最重可达 80 余公斤（180 磅）。惜鱼获量极少，近年东南沿海仅有数条黄唇鱼被捕获。

2012 年 8 月 14 日下午 5 时福建省连江县黄岐镇渔民庄老先生在海边浅水捡到一条奄奄一息的黄唇鱼，重达 160 斤（80 公斤），次日早晨他以每斤（1.1 磅）2 万元（每磅约$2，900 美元）卖出，共得款 300 万人民币（48 万美元），超过了庄老先生一生辛劳所得，一时传为佳话。

黄唇鱼半世纪前尚有捕获，沿海居民均视为上等补品，尤以鱼肚（鳔）为甚，鱼鳔为鱼类用以上下浮沈的气囊器官，俗称鱼肚。素有鱼肚贵如黄金之说。自古以来，浙江省舟山群岛至温州一带百姓更为相信黄唇（鮸）肚有滋补、养身、疗伤、止血的功效，尤其是孕妇产儿血崩时，更是救命的神药。一般渔村若捕到黄唇鱼时举村庆贺，分而食之，并把鱼鳔晒干、珍藏。

笔者十年前访问舟山群岛时，一位渔业公司老总告诉我，岛上富裕家庭都会珍藏一、两个「鱼肚」，以备不时之需，有人家还会挂在进门显目之处。「鱼肚」对手术后伤口愈合、帮助小儿

发育都有奇效。我以怀疑的口气问道：「真的吗？」他说：「当然是真的，我十四岁的儿子吃后，当晚他睡觉时，我眼睁睁地就看他长长了」，我不可思议地又多看了看办公桌上放的那只黄澄澄的鱼肚。

他接着说：「这是送首长最珍贵的礼物，1957 年温州渔民捉了一条 65 公斤的黄唇鱼，这可是件了不得的大事，渔民把「鱼肚」风干后，寄往北京，呈献给在当时在北京的毛泽东主席。后来被「中央办公室」还了回来，但附了一封中央的感谢函。可见这种鱼多么珍贵，后来，经过『大跃进运动』绝灭式地捕捞后，自古以来东海盛产的大黄鱼基本上是绝迹了，何况本来便异常稀少的黄唇石首鱼。」我问：「现在礼品级的鱼肚是那里来的呢？」「中南美洲，墨西哥黄唇鱼肚较好，是本土鱼肚的替代品，但所费不赀。」

2013 年 4 月 24 日深夜，华裔居民 Song Shen Zhen 先生（音译甄嵩深），携带 27 个约 4.07 磅的半干石首鱼鳔从墨西哥入境美国卡莱克西市（Calexico），海关让甄先生顺利入关后，执法人员跟随至其住所，发现大批鱼鳔排列在地上风干，家中缺少家俱，但备有大量包装材料，俨然是一所经营已有时日的加工厂。执法人员在现场查获了 240 个石首（Totoaba macdonaldi）鱼鳔。

73 岁的甄先生将会受到美国联邦法庭的控诉，可能面临 25 年监禁及 50 万元罚金的处份。美国鱼类及野生动物保护局（US Fish and Wildlife Service）估计，在瓯先生住所被查获的石首鱼鳔，在墨西哥进货价约 36 万 1500 美元，进入美国后可在黑市可卖 126 万 5250 美元，亚洲黑市市值高达 360 万美元。

墨西哥独有的石首鱼，在 1976 年被列为国际濒危物种，受到联合国《濒危野生动植物种国际贸易公约》保护，捕捉、贩卖均不为世界上任何国家法律所容许。但重赏之下必勇夫，在华人买家无上限收购对价的激励下，发展了许多盗捕、制造、包装、走私的贩卖管道。

知情人透露，不少华人利用美国居民身份，以走单帮的方式游走美墨边境，以每只美金 500 至 1000 元价格自墨西哥黑市购买的石首（totoaba）鱼鳔走私入美境，以每只美金 5000 至 6000 元的价格卖给在洛杉矶的中间人，再走私至香港或大陆，最终零售价格因大小不同每只为 1 至 2 万美元。美国联邦执法人员表示，从墨西哥直接走私至香港及中国的石首鱼鳔亦不在少数。

Totoaba Macdonaldi 为世上最大的石首鱼种，可以生长至 2 公尺（约 7 英尺）长，100 公斤（220 磅）重，寿命可达 15 岁。每年 3-4 月游至盐、淡水交集的科罗拉多三角洲集体产卵、育苗，幼鱼适合生长在 2%盐度的河口水域。石首鱼耳石较大鱼鳔发达，多数的石首鱼能用肌肉鼓动鱼鳔发出咕咕的响声，当大群的石首鱼游至浅海产卵时，海面鱼群翻浪并传来一片咕咕叫声，蔚为奇观。英文称石首鱼为鼓鱼（Drum Fish 或 Croaker Fish）即肇因于此。

由于科罗拉多河绵延 2，300 公里，于墨西哥北部出海，春天河水流量最高，科罗拉多三角洲，自然生态极为适合大黄鱼（Totoaba）的生长。二十世纪早期，美国在境内科罗拉多流域兴建了一系列水利工程，促使科罗拉多河墨西哥境内淡水流量只剩 4%，三角洲海域的海水盐度从 2%增加至 3.5%，也逐渐改变了大黄鱼产卵育苗区域的生态环境。

1920 墨西哥加利福尼亚湾开始发展大黄鱼渔业，1943 年官方统计捕获量为 2000 吨，至 1975 年就下降至全年仅剩下 50 吨的捕获量了。在生态环境改变及大量捕捉的双重威胁下，世上唯一的墨西哥大石首鱼即将绝灭。这类石首鱼受到世上最严厉法律的保护，但还是逃不出「贪婪」的追杀。

墨西哥石首鱼（Toben 绘制）

自古传说，犀牛角有清热、凉血、定惊、解毒、壮阳的药用功能，捕杀一只三千公斤的犀牛，仅为取其一斤的角。犀牛无罪怀角其罪，千百年来难逃猎者追杀的宿命。石首鱼无罪怀鳔有罪，在中国买家重金悬赏下，亦难逃其种群绝灭的命运。

犀角不是壮阳药，鱼鳔亦非万灵丹，为何执意灭九族，天下万物皆苍生。

卖鱼郎 2013/7/4 国庆节

从故宫「国宝鱼翅宴」谈起

近日台湾故宫促销「国宝鱼翅宴」，笔者虽从事海产业，但对此不禁深有所感。

古时，清代东南沿海的官员，把鱼翅当为贡品，并列为御膳。明朝李时珍说：「沙鱼古称鲛……味并肥美，南人珍之。」《本草纲目拾遗》记载「凡宴会肴馔，必设此物以为珍享。」鱼翅数百年来在华人心中留下高贵食品的印象，已经牢不可灭，各式鱼翅料理也是各大高档餐厅必备的菜肴。在今天华人的食品市场中，鱼翅这种高价货品是不愁没销路的，发愁的是，没有足够货源去应付豪客们永无休止的的需求。

鱼翅是由软骨鱼类之鳍软骨制成，主要原料是来自鲨鱼，少数鱼翅是鳐鱼软骨制成的，鲨鱼尾皮的干制品称之谓「鱼唇」，有些餐厅把鲨鱼鳍附近的鱼皮称之为「翅裙」，即是鱼翅的裙边，只要是以鱼翅命名的食品皆可卖个好价钱。

鲨鱼鳍里「汞」（水银）的含量很高，水银存积在人体内是不会被排除的，并会对婴孩造成不可挽救的伤害，美国食品管理局（FDA）明文警告孕妇及老弱民众不要摄食含汞量超标的鱼类。

鲨鱼体内尿酸含量极高，为了避免阿摩利亚的尿酸气味及去其胶质，加工制造鱼翅、鱼唇、鱼裙时必需小心处理。制造时都使用了超量的有害健康的化学药剂。通常使用明矾、双氧水、硫黄或其他漂白去腥增加色泽的药品，干燥后才能嗅之无味，呈现

半透明的华贵金黄色。如果您曾参观过鱼翅工厂，定会对其腥臭之味终生难忘。

鱼翅的美味来自汤头而已，鱼翅本身是无味的。「无翅不成席」这种非理性、无逻辑性的高消费行为，是消费群众长久被误导的结果。最早在华东、南沿海及东南亚的华人饮食圈内流行，迄今已逾数百载，并蔚然成风。现在，全世界只要有华人的地方便有鱼翅羹供应。

以前中国富人少，捕鱼能力低，鱼翅消耗数量无多，尚不足为患，现在全中国富人一起吃起鱼翅来，那可不得了。以一家餐厅一天使用一公斤鱼翅来计算，全世界如果有一万个供应鱼翅的中餐厅，每天鱼翅的耗用量便是十吨。一百公斤的鲨鱼估计可切出五至十公斤的鱼鳍，由十公斤的新鲜鳍去皮去肉脱水后大约能制成约两公斤的干翅成品，换句话说一至两公斤的鱼翅是由一条一百公斤的鲨鱼制成。每天十吨鱼翅的消耗量是由五百吨至一千吨的活鲨鱼制成的。一年就有三十六万吨（三亿六仟万公斤）的鲨鱼遭殃了。这是个非常保守的数目，实际数目应远超此数。如此，鲨鱼一族如何能逃于天地呢？

在波涛汹涌的大洋里，有些的远洋渔船捕到鲨鱼后，就把高价的背鳍胸鳍腹鳍尾鳍锯下，然后把皮剥落备用。由于鲨鱼肉在市场售价甚低，渔船上冷冻设备的空间尚需储藏其他高价的渔获，所以把已去皮、尾、鳍的鲨鱼丢掉乃是权宜之计。鲨鱼生命力强，渔人也无暇结束其性命，就把无尾无鳍无皮活生生光溜溜的鲨鱼扔回海中。在记录像片中，我们还可看到整条无鳍无皮的活鲨鱼在海中挣扎试泳的情景，真是惨不忍睹。

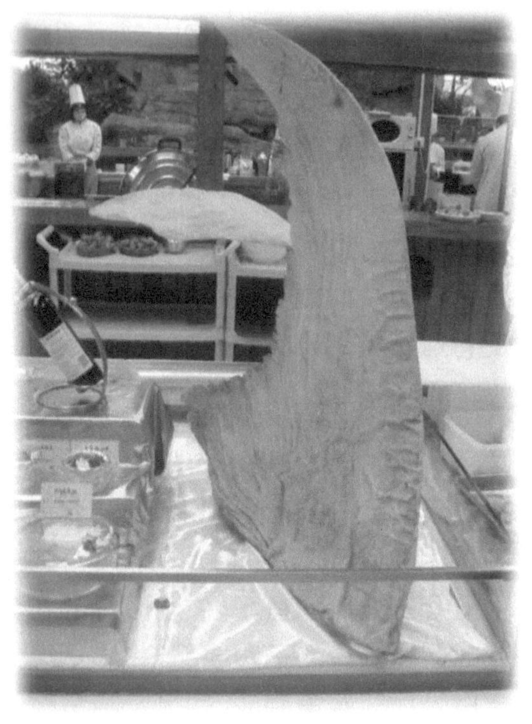

鲨鱼是远在四亿年前便存活在地球上的海洋生物，我们人类的老祖先四万年前才现踪迹。同为世上芸芸众生，为何因食而生贪欲，赶尽而杀绝。盼智慧富贵家们，积上天好生之德，少食鱼翅，拒故宫鱼翅之宴，使其族类得以继续延存于世。

注：2013 年 7 月 1 日加州禁食及销售鱼翅之法令生效

杨锦文于罗兰冈

请「名嘴」为鲨鱼请命

「时报周刊」爆料，一年前，两位台湾蔡姓「红顶商人」为了替台湾「司法检查总长」陈聪明与「名嘴政论家」充当和事佬，在台北『新同乐』摆下了鱼翅宴。显然，首碗鱼翅效果不彰，于是相同人马席开二度，又在『新同乐』摆了第二摊。结果发展成官、商、名嘴在「新同乐鱼翅宴」两次同乐的风波。事发后，各名嘴纷纷发表了意见。奇怪的是；享受了「新同乐鱼翅宴」双重大餐的名嘴们，信誓旦旦地要把这个不诚实的陈聪明拉下马来。没吃到『新同乐』鱼翅的名嘴们非但没吃味，反而为陈总长抱屈。这完全违背了吃人的鱼翅为人消灾之大道理。两方名嘴各执一词，让全台粉丝丈二金刚摸不着头脑。

名嘴陈文茜表示：「陈聪明的确去过『新同乐』非但没吃鱼翅，就连一粒米饭都没吃，陈聪明并不是一块『白布』，此事被添油加醋，并不公平。」名嘴刘宏益说：「为何两次都去『新同乐』？就是你们这些名嘴喜欢吃嘛！」沈富雄大老也说：「陈聪明社会观感虽不佳，但是还罪不及死。」但是，官、商、名嘴同时间出现在只有尊贵人士才能享用的鱼翅席旁，也不免令老百姓煞费疑思。

为何执掌正义之声话筒的名嘴们，竟甘冒为民垢病的大不韪，接受「红顶商人」邀请，同赴社会观感不佳「台湾包公」的宴请呢？其实，这都是鱼翅惹的祸，因为鱼翅太好吃、太尊贵了，自己花钱吃又舍不得。子曰：「食、色性也，人之大欲焉！」在荷尔蒙不旺盛，狗仔队满街，又妻管严之时，只有在食、色两者中选食弃色，挺而走险了。其实，名嘴们不是省油的灯，鱼翅下肚抹抹嘴，让商、官两造赔了鱼翅又折兵，没捞到啥好处，也没利益输送的问题。

古时，东南沿海官员将干鲨鱼翅当成贡品，并列为御膳。《本草纲目拾遗》记载：「凡宴会肴馔，必设此物以为珍享。」鱼翅是皇帝老子御宴的美食，尊贵食品的印象，在百姓的心中已经牢不可破。以前，捕鱼技术落后，一翅难求，社会上富人也不多，稀少珍贵的鱼翅市场供求平衡，地面上的人类对海里鲨鱼生存威胁不大。现在，中国人富起来了，无翅不成席，蔚然成风。全球只要有华人落脚的地方，便有鱼翅羹供应。

以最保守的估计，全球鲨鱼翅用量每天十吨。1 公斤去皮的干翅，由约 2 公斤带沙（皮）干品取出，并由 10 公斤新鲜鱼翅晒干，100 公斤的活鲨长有鳍翅 10 公斤，只能生产出 1 公斤的去皮去骨鱼翅。每天千吨的鲨鱼捕获量才能满足在世上老饕一天 10 吨鱼翅的需求量。仅一年里，便有 3 亿 6000 万公斤（36 万吨）的鲨鱼惨遭灭杀，实际数量远超此估计。如是杀戮，鲨鱼一族何能逃于天地。

鱼翅基本上是无味道的，鱼翅羹的美味来自火腿母鸡熬的汤头。鱼翅咬感介于牙签与粉丝之间，营养及药用价值微不足道，有毒药物残留却不少。鱼翅制造时需用大量的致癌化学物如双氧水、明矾、硫化物等药剂漂白，并除去阿摩利亚味道（尿臭味），再染成华丽半透明的金黄色。鲨鱼翅价比天高，鲨鱼皮还可充当鱼唇使用，鲨鱼肉因尿素含量过高无人问津。鲨鱼生命力强，渔人无暇结束其性命，便把无尾无鳍无皮的鲨鱼活生生扔回海中。

禀告爱吃鱼翅的名嘴们，同为芸芸众生，何必因贪食显贵而赶尽杀绝。请用对大众的影响力，以身作则，为鲨鱼请命，劝导社会智慧富贵家们，积上天好生之德，戒除这非理性、无逻辑、高消费的残忍行为，使鲨鱼其族得以延存于世。阿门！

卖鱼郎 2009/6/24

<附录读者来信>

这篇文章以名嘴吃鲨鱼翅为引言，说不该吃鱼翅，有点头轻脚重。

不该吃鱼翅是正确的，为何由政论名嘴来请愿呢？好像拉不拢，对不对？

由您卖鱼郎请命，岂不更妥？

阿龙

<卖鱼郎回复>

回阿龙：

名嘴吃鱼翅事件，有三个探讨的层次：

1）名嘴、蔡、陈（官、商）三造同赴昂贵的「鱼翅宴」事不寻常。

2）相同人马两次宴席为何都要选择最尊贵的「新同乐鱼翅席」？如名嘴脱离了庶民，还能为民喉舌？

3）鱼翅本身的滋味不能匹配与其昂贵的价格，「鱼翅宴」的精髓是同享上层社会的「荣华富贵」。而鲨鱼却由于虚幻的「富贵荣华」的而惨遭灭杀，主持正义之名嘴应为鲨鱼请命才是。

卖鱼郎

圣璜岛捉蟹记

老石的渡假屋座落在圣璜岛（San Juan Island）罗契港（Rohche Harbor）的海湾里。业务经理克里船长曾在阿拉斯加捕鱼为生，知道有一帮馋嘴老中要来，前一天就在后园海湾里投下几个捕蟹笼，抓几只蟹给我们解馋。

傍晚到达后，听说欢迎宴是螃蟹大餐，我们丢下行李迫就不及待地上桌了，晚宴由加州来的拉凯经理客串主厨，4 只 Dungeness 蟹煮熟去壳分解后以碎冰覆盖，蘸料为秘制西红柿鸡尾酱，肉食为夏威夷式熏猪小排，佐以雪多丽白葡萄酒，以及老石北加农场自种自酿，名不见经传，但绝不比名牌逊色的「2010 小红」红葡萄酒。

九月北国已开始入秋了，螃蟹肉质甚好，也许老中对吃冰螃蟹蘸西红柿酱饮白葡萄酒的文化还不习惯，大伙的热情并不高涨。倒是「小红」给了大家了一个意外的惊喜，甘醇香柔，与夏威夷熏排骨几乎是绝配，没人顾及礼仪，就左手持酒杯右手抓排骨，左右开弓起来，不一回，几瓶「小红」就见了底，一盆夏威夷肉骨头也成了一堆森森白骨。

克里船长说：「这港湾里的鱼蟹不多，今天我已在萧岛（Shaw Island）那边放了些捕蟹笼，那儿的海底资源好些，明天一起去看看，如果时间多，回程还可以放线拖钓（trolling）一会儿，试试运气。」

我急着问：「可以拖到什么鱼？」「现在是红鲑及大王鲑的季节，我今晚会用无线电向我的朋友打听一下，看这几天的渔获怎样。」克里船长平静地回答。我的心都快从胸腔中蹦出来了，要知，这一带海峡是鲑鱼从大洋回游产卵的入口，待产鲑鱼入淡水河以前肉质最佳，尤其在高盐度的海里拖钩钓捕的大王鲑（Troll-caught King）市场价格更高，是老饕的最爱，如能钓上条 20 磅的太平洋大王鲑（Pacific King Salmon）有该多好。是夜，梦里尽被螃蟹鲑鱼缠绕，不得安眠。

萧岛位于是圣璜群岛中心，面积 7.7 平方英里，人口 250 人。有一座神秘庄园，据说是居住在西雅图的某高科技大亨修身养性躲避世俗纠缠的地方。从罗契港到萧岛的瞎子湾（Blind Bay）航行需三十分钟，船靠在老石的私人码头上。据克里船长说，岛上私有土地仅限在潮汐线以内，潮汐线外海中的私人码头用地，必须大费周章地向政府租地自建。

萧岛是古印地安人聚居之处，此地雨量适中，土地肥沃平坦，植被茂盛，亦是加拿大灰雁（Wild Geese）及其他候鸟群栖息之处，海湾里盛产贝类，不同种类的蚝贝壳布满海滩，古印地安人在庆典聚会时会将大批吃剩的贝壳深埋在现场。克里船长不久前在此发现了祭祀贝冢，还捡到石刀、石斧、石凿等古时工具。

预置的数个捕蟹笼红色浮标就在码头目视可及之处，克里船长准确地将船驶在浮标旁，我乘势用船上的钓杆将浮标捞在船边，然后顺藤摸瓜拉起海底的饵笼。上船后只见蟹兵蟹将爬满了笼子，还有一条一呎多长的比目鱼夹在蟹群里。在大家欢呼声中克里船长手伸进笼里，然向天上一挥，一只蟹飞向天空落进海里，一挥手，又是一只，好不容易抓的大肉蟹都被他当石头丢了，大家可惜得发不出声来。

克里船长对我们笑笑，又掷了一只，说，长大再来。原来，法定壳宽 6 又 8 分之 3 英吋的尖脐公蟹才可捕捉。最后，这笼只剩三只合格公蟹，当克里船长要将比目鱼掷回海中时，大伙同声大吼：No！No！船长看了鱼一眼，哦，这是鲽鱼，这才手下留鱼[2]。

克里船长将蟹笼里补上了鱼头鸡脖子当诱饵，又沉笼入海，待明天来收成。当日共捕到八只合法的大肉蟹，大家满意地驶离瞎子湾。回程时，克里船长将船驶到另一处海湾，他说，当鱼汛来时，大批鲑鱼涌进这湾里，海水都变色了，像是水中一朵会移动的乌云，当鲑鱼群找不到出口，便向左回游出海，渔业公司在岸边建起水泥渔礁并设定置网，待君入瓮，当鲑鱼满网时，便用搬运船周而复始地运走渔获，并在渔礁上建瞭望台，派人在高处监控指挥整个作业情况。据说去年红鲑鱼汛之大，是十多年来前所未见的。在渔礁旁，我望着高耸的瞭望台及平静的海湾，想象着千万条鲑鱼集体冲向渔礁自投落网的壮观情景，心情也澎湃起来。

这时，克里船长已放下拖线，用的是假饵，并将深度设在 60 呎，以 3 至 5 浬的航速在湾里来回里拖钓（Trolling）着。我直瞪傻眼虔诚地望着那两只拖杆，但它们却毫不受我的精诚感召，一点动静也没有，拖了一个多小时，只好意兴阑珊地回航了。

---

[2] 大比目魚的法定規格是 22 吋，而且有嚴格捕撈季節限制，鰈魚不在此限。

晚餐由宾、主共同主厨，饮料以「2010小红」为主，前菜有秘制凤翅，巧手时蔬，主菜是广府清蒸比目鲽，京式姜葱蛋抱蟹〔注：炒蟹的安姬小姐祖籍北京之故〕，肉食为白汤清炖牛眼肉，正宗印式咖喱鸡配白饭，最后是创意料理「蟹肉疙瘩汤」，以惊艷的方式将大伙的味觉享受带领到高峰，大家都兴高采烈不能自已。

这时，夕阳将逝，余光映着海湾，水面如镜，泊在湾里的游艇灯光闪烁，有如梦境，美不胜收。此时金色的太阳座落在水平线上，将余辉映向天际，大家鸦雀无声地望着窗外，依依不舍地的凝视着夕阳渐渐地沉入海中，也依依不舍这般美好时光竟将会离我们而去。

卖鱼郎 2011/9/12

獐子岛传奇（上篇）

为了商议夏夷扇贝（Sea Scallops 学名 Patinopecte Yessoensis）销售至欧洲市场事宜，1992年春天我初次踏上了人称黄海明珠的獐子岛。以后，每年春、秋时分大连獐子岛是我必定拜访之地，直到中、欧贸易发生冲突，中国扇贝禁运欧盟国家为止。同时国内经济蓬勃发展，高档海产扇贝、鲍鱼、海参等内需供不应求，獐子岛已成为大连地区的观光胜地了。

獐子岛传奇（上篇）

獐子岛距离辽东半岛最近的陆地有 103.7 公里（56 海里），岛上山丘多平地少，海水清澈见底，海湾美的出奇，占地 14.95 平方公里，是个风光绮丽的小海岛。岛上居民数百年前从山东北渡而来。相传，最早岛上仅数百户人家，过着「棒打獐子，瓢舀鱼」的日子。当獐子（鹿科一属）被捉完后，居民就靠捕鱼维生。1960 年代后期，獐子岛渔民凭仗了祖传捕渔的天赋，用自造的铁壳船，组成远洋捕渔船队，以獐子岛为基地，在世界各大洋进行远洋捕捞，并创下了全国渔业产能最高的成绩。政府 1971 年为此拍了一部名为「海上大寨—獐子岛」战天斗海脍炙人口的记录片，这个远在东北黄海中的小岛镇才广为人知。

清晨从大连港乘渡轮向东北出发，中午时分便驶入獐子岛海域。远远望去，碧绿的山峰耸立在海中，蔚蓝晶透的海面布满了整齐的浮标，此时的北国海畔春寒料峭，忙碌的小船穿梭其间。船上陪同人员告知，养殖夏夷扇贝有两种方法，一种是海床底播，育苗后将幼贝播洒于海中，成长期中由潜水员在海底观察照顾，待扇贝成熟后再由潜水员下海捞取。另一种便是将小扇贝置于网箱内，用浮筏吊在大海中的养殖法了。海床底播法扇贝长得大、卖相好看、但存活率低。浮筏养殖却相反。渡轮在满布浮筏的航道中缓缓前进，码头在望了。

下船后就直接赴工厂参观，工厂离海边仅一箭之遥。放眼望

去，海中浮筏养殖场的浮标接连至天际，码头上有自动输送带连接工厂。当天，户外温度约摄氏零下 5 度，刚从海中收获的活扇贝被置在输送带上源源地进入工厂。生产在线人员立即进行去壳、清洗、筛选的工作。天气太冷了，工厂里的姑娘们穿着厚重的棉衣，勤奋地工作，口中呼着白气，两颊冻得像苹果。数台长达 15 公尺隧道式的快速冷冻机，不过短短的十几分钟，扇贝便被超低温冻结了。初春是夏夷扇贝最肥美的饱卵季节，贝卵有艳丽的鲜红或高贵的金黄色两种，秀色可餐的贝卵与雪白的柱肉色调搭配完美。这是欧洲、特别是法国海鲜席上的珍馔。

中餐是普通的渔村小吃，加上早上才特别为客人从海里拉上来的螃蟹、海螺、黑鱼等等海味。尤其煎「咸鱼饼子」，对我这台湾南部眷村长大的孩子，更是人间美味，咸鱼是用小嘴比目鱼及星鳗鱼盐渍过夜后，再置于室外让海风吹成半干制成，鲜与咸中透出海洋的气息，黄澄澄的农家玉米饼粗中带甜。大冷天缩着脖子喝碗热腾腾的豆粥配咸鱼饼子，其滋味真是无可比拟。

午餐后参观獐子岛结合现代科技的种苗培育工厂，生产的扇贝、鲍鱼种苗除自用外还外销辽东及山东半岛。夏夷扇贝源自日本北海地道区，以当地土著夏夷（虾夷）人命名，故叫夏夷扇贝。其贝壳像是立起的船帆又叫帆立贝（Hotadegai），是北海道著名海产。夏夷贝属为双壳贝类（bivalve Mollusks），以过滤海水方式摄食，其双壳张合之际便将水中微生物及养份留在体内，所以扇贝生长水域的水质是决定其质量及食用安全的最大因素。

獐子岛位于北纬 39 度，可供养殖的海床有 90 万亩，海域远离大陆及主航道，避开海水污染源，沙砾海床平坦平均水深 30 公尺，盐份分布平均，位于黄海冷水圈边缘，年平均水温低，海流湍急海水自净力强，藻类丰富，为贝类理想生长的场所，在此地生长之夏夷贝肉质鲜美饱实，可媲美北海道产品。獐子岛海域原生的鲍鱼、刺参、海胆、海螺也远近驰名。

试吃样品时，镇长介绍：「当年周恩来总理在北京人民大会堂，宴请来访的美国总统尼克松与国务卿季辛吉时，便指定要用獐子岛海区的野生鲍鱼飨客。所以，獐子岛鲍鱼在中美建交的历史事件中扮演了重要的角色。」我知道在日本东京的寿司吧里，獐子岛鲍鱼是非常珍贵价高的，却不知闻名世界的老饕季辛吉也极爱这昂贵的獐子岛鲍鱼。

在獐子岛，活鲍鱼是像广东人蒸鱼般蒸熟的，入口时嫩、实、鲜、肥，其口齿留香的感觉永难忘怀。今春曾在大连某海鲜馆用餐，服务人员表示：「有獐子岛野生鲍鱼供应，每只 500 元人民币」，我虽然食指大动，也只有忍痛断然拒绝，并表现出一付不喜欢吃鲍鱼的样子。现在，獐子岛的野生鲍鱼仅在大连一地便一鲍难求，日本东京筑地渔市的进货价格已经无法与国内市场竞争了。曾几何时，獐子岛鲍鱼竟也成了国家经济兴衰的寒暑表。

海岛里的人睡得早、起得早，晚宴五时便开始了，吃的是海参、鲍鱼、扇贝、海胆、家常烧牙片鱼（大比目鱼）、海螺水饺等。喝的是高酒精度的白干，我单独迎战数个北方好汉。也许外表还算忠厚，喝酒没啥量却有点胆，勉强过关。公司领导们便同意我去开拓欧洲市场，为了庆贺，大家又干了两杯。

还好，酒过五巡，餐宴就结束了，跌跌撞撞回到房间。房间热水供暖设备到晚上八点便停止了。房间渐渐地冷下来，我这怕冷的台湾人要求多加两床厚棉被盖在身上。那晚，我作了个怪梦，梦里在印度打高尔夫球，突然一只大熊冲出来压在身上，我浑身大汗动弹不得，好像要窒息了。想叫天天不应，叫地地不灵。

天还没亮就被海边讨海的人吵醒了，此时东方的海平面曦光微露，太阳缓缓升起，渐渐地勾出海岸的轮廓，几条渔船从窗下缓缓驶过，划破海面银波。码头上晨光透人，工厂锅炉的烟囱冒出了白烟，慢慢地指向天际，这是我记忆最深的渔村晨曦景象。

獐子岛的带卵扇贝柱质量高、味道好、斤两足、没有环境污染及化学添加物的顾虑，价格合理且又是欧洲人爱用的海产品，我实在看不出在欧洲销路不好的理由。带着獐子岛各位领导及养殖户们的期望和自己进军欧洲经商的野心，我任重道远地辞别了獐子岛。

临行前，外贸公司张总送我了一盒姆指大小的黑色刺参，并说：「这刺参是古时宫中贡品，是给皇帝老子补身体用的，对男人特别有效。」还暧昧的对我笑了笑。旁边的王经理补充说：「现在的科学证明，北纬 39 度出产的东西都是最好的，像法国波尔多的红酒。大连的女人不论穷富每年都得为她先生准备刺参，冬天里每天吃一个刺参连大衣都不用穿了。辽东半岛的刺参就数咱岛子里的最好，别处在池子里喂养的海参就没效用了。」我望了望办公室的小姐，她掩住嘴笑笑，脸都红了。

坐在离开獐子岛渡轮上，紧抱着那盒值数千元人民币的刺参，脑中充满了幻想。

卖鱼郎 2009/7/11

扇贝丰收

獐子岛传奇（下篇）

獐子岛生产的夏夷扇贝，大都是由日本商社承购，转售欧洲，极小部份由香港转口。其产品在欧洲市场仅归属日本北海道扇贝产品中的一项，经转数手，既无价格主导权，亦无产品知名度。

1992 年欧盟贸易部门宣布：「禁止日本带卵扇贝进口欧盟国家」，北海道每年数千吨的扇贝输欧生意立即云散烟消，原产地中国的夏夷贝却不在此限，这禁令为中国扇贝开创了无限商机。

带卵扇贝柱（Scallops Aductor with Roe）在欧洲人心中是海中珍味，尤以法国用量最大，餐厅、家庭均将它入馔。每年夏季旅游季节开始后，到法国享受美食是游欧的重要行程之一。入夏后随着人潮涌现，餐厅、超市扇贝用量开始增加，到圣诞节、新年节庆时扇贝销售达到高峰，过了新年后用量就少得多了。

夏夷扇贝收获期（饱卵期）在春天，而欧市场销售高峰期却在冬季，年初采购库存至年尾才销售完毕。为了保证每月持续供货量，进口商需要维持足够的存货，除了积压数百万元的资金、外加仓储费用、银行利息外，还须负货币市场价差（春季进货用美金付账，冬季销售时用欧元、法郎等货币结算）及扇贝期货市场价格波动的风险。经与许多欧洲进口商接触后，发觉欧洲商家对进口中国扇贝意愿不高，或是开出无法接受的条件及价格。

欧盟各国语言、文化、法律、都各自不同，对进口食品却使用相同的法规与卫生标准。但是各国官员执行法规时，常常会有不同的结果。泛法兰西思维的法国海关及卫生官员对中国扇贝显然特别关顾，滞港、退运费用动辄上万美元，进出口商苦不堪言。东方人对客户澎湃的法式情绪也很难消受。所以，我们的中国带卵扇贝通往巴黎的康庄大道，是选择绕道法国的邻邦英国而行。

C 公司总部设在英国伦敦，是信用卓著的国际海产公司，C 公司加拿大工厂生产的扇贝在欧洲市场极为畅销。而 C 公司的波士顿分公司曾是我经销印度尼西亚虾的客户，由于合作愉快，在合同完成后还意外收到一封该公司的感谢函。后来，采购经理吉米与我也交上了朋友。他知道我在欧洲市场遭遇瓶颈后，便介绍了伦敦负责欧洲销售的保罗与我连络。经过谨慎研究及市场调查后，C 公司欧洲销售部门通知，愿意与我商讨进口中国扇贝事宜。

在伦敦会见了 C 公司法国巴黎分公司销售经理罗兰先生，彬彬有礼的英国绅士，儿时在法国长大，说法语像母语一样，罗兰说：「有时还会用法语作梦呢！」。经过獐子岛公司的认可，当天我们便签下一百吨的合同；双方同意产品需合乎欧盟卫生标准，买卖双方需加附国际公认的检验报告以兹证明。分四次在英国交货，最终客户在法国，在英国通关收货后付款。多次东西半球徒劳奔波，内心充满挫折、沮丧时，突然峰回路转，如天上掉下一块馅饼来。坐在回洛杉矶的飞机上，把草约看了又看，还不

相信它是真的。这份合约系关獐子岛供货、洛杉矶销售、伦敦进口、巴黎发货四造，合约完成后，皆大欢喜。之后，C 公司订单数量每年定量增加，在 1997 年 7 月 1 日欧盟宣布对中国扇贝实施禁运前，单单该公司一年承购獐子岛扇贝数量，已接近千吨。

在欧洲遭到禁运后，獐子岛扇贝必需另辟外销通路，虽然台湾地区使用甚多数量的半壳有卵扇贝，却非属正常外销管道出口。美国是世界最大的扇贝消费国，带卵扇贝却无人问津。带卵扇贝除西欧以外，算澳洲南部的墨尔本地区包括雪梨用量较大。每公斤 60 粒以上的小规格扇贝，在澳洲没市场，只有卖到纽西兰给毛利人开的连锁炸鱼店使用。南半球地广人稀，人均消费水平及数量虽然无法与欧洲相比，但也聊胜于无。经过一番努力，也为中国带卵扇贝找到了新家。

獐子岛书记因为我对夏夷扇贝销售付出的努力，上报长海县政府，给我颁发了「长海县荣誉县民证书」，以兹表扬。这次我去岛里领证书时，坐的是高速快船，住的是豪华别墅，偌大的现代化别墅，家电暖气俱全，但一个人住也觉得怪怪的。我还是比较怀念清晨可以在码头边看渔港的「民族饭店」。

由于中国经济快速崛起，内销市场需求强劲，国内航空服务无远弗届。国人喜爱的獐子岛活海珍如鲍鱼、扇贝、刺参、海胆变得供不应求。炎黄大地包括云南、新疆、蒙古、四川、海南岛

等地，只要有机场的城市均可享受到獐子岛的鲜活海珍。

吴董事长说：「獐子岛人在海边出生，在海里成长，世代与海洋相依为命。」深知大海的赐与岂止于养育斯人之恩。他激动地表示：「大海有情，照顾了大家的生活，人们却因贪婪无厌，置海洋的生态而不顾。」他强调：「生态是有生命的，当人类把它推到了生命的极限，就会向人类反扑。二次世界大战后，因为养殖规模过大，贝类的排泄物超过海洋自净的能力，日本各地海湾扇贝、牡蛎大规模死亡。中国渤海湾盛产的对虾几乎消失，也是超负荷养殖使致海洋生态受污染造成的。」

吴董事长并举出飓风、洪涝、山崩、干旱等人类造成的各种生态灾难。他认为如果生态得不到有效呵护，生态生命终将凋零，生态也必将发难。他要努力把獐子岛打造成生态的绿色家园，为后代留下一个永续发展之地。

獐子岛海域产能产值极高，在海中捞取鲍鱼、海参、扇贝就好像到银行提款一样。为了防止生态破坏、资源枯竭及提高物种质量，獐子岛动用了可观的资金，与国内各著名科学研究院、产教合作，将海洋生物研究、环保科技与海洋自然养殖方式结合，贝类自然环境养殖的各种环节，获得许多理论与技术上的突破，并借此培养了众多养殖产业的科技人材，獐子岛的营业效益也显著地增加。2007 年獐子岛与中国科学院海洋研究所、大连水产研究所合作「鲍鱼育种及养殖工艺」的项目，受中国国务院颁发了国家科学技术进步二等奖。

左图：獐子岛 / 吴厚刚董事长

为了保证防止夏夷扇贝人工培育的苗种老化，獐子岛借鉴日本渔联模式与旅顺十二家扇贝养殖公司组织经济合作联盟，提供技术、资金、品牌、管理、销售的各项帮助，共同开发旅顺渤海湾地区自然夏夷扇贝苗种资源。为了解决北方冬季水温低，鲍鱼生长缓慢的问题。獐子岛在福建霞浦、莆田设置冬季暂养基地。像候鸟南移一样，十一月入冬时便将山东长岛、荣城等分公司的大批鲍鱼搬到南方越冬。如此鲍鱼长得又快又健康，年产量就大幅提高了。獐子岛渔业被国家科技部、国务院选为「国家级创新型试点企业」的海产公司。

2006 年 9 月 28 日獐子岛渔业公司在深圳股票上市，上市后股票炙手可热，立即成为中国的股王，是国内第一家由渔村民众拥有的股票上市公司。獐子岛渔业在世界各洲都成立了分公司，公司总裁前獐子岛镇长吴厚刚先生也登录在中国工商界名人榜上。

2007 年獐子岛渔业当选为中央电视台年度最佳雇主，在电视台的颁奖典礼上，吴厚刚先生唱了一首「众人划桨开大船」的渔歌来作为获奖感言，也体现了从乡镇渔村领队飞跃成为现代社会主义资本家的心声。

卖鱼郎 2009/8/3

肥腴 — 我们的第六味

鲜美无比入口软嫩欲化的极品松板牛肉人吃人爱，现值三百余美金一公斤，实非一般升斗小民能负担。但是在日本有一种穷人吃的肥牛肉，即是将低级别雪花纹不丰富的牛肉，进行注油加工处理，将乳化后之皮下脂肪以高压方式注射在肌肉内。虽然入口即融的感觉与鲜味，比不上真正顶级霜降和牛的风味（同只牛的皮下脂肪在口内融解的温度，比肉内生成的油脂在口中溶度高出许多，次级牛的肉质及鲜美度也与顶级牛肉不同。），但是不可讳言，注油处理确实大大提高了一般牛肉的滋味，使普通的牛肉也变为较好吃的肥牛了，真像魔术一样。

世界公认的顶级美味食材如鹅肝（Foie Gras）、黑鱼籽酱（Caviar）、神户牛排（Kobe Beef）、蓝鳍金枪鱼腩（Blue Fin Tuna Toro）等，都是有极高脂肪含量的，约在本身重量一半以上。其实含脂量的多寡，也是评鉴上述食材等级的重要指针。许多油脂含量低的珍肴如鱼翅、海参、鲍鱼等，要在烹饪过程中加添脂肪含量较高的配料如老母鸡火腿猪肉后，才能炮制成绝顶美味的佳馔。

长久以来，科学家都认为人类的味蕾只能办识五种味道，酸（sour）、甜（sweet）、苦（bitter）、咸（salty）、鲜（savory，或称 umami）。但是最近法国波根地大学（University of Burgundy）营养科学家发现：人类的味蕾有办识油脂的功能。因此了解人可尝到的味道是六种，除了酸、甜、苦、咸、鲜之外，还有肥（fatty）。

我们也明白了，为何一盘五味俱全的佳肴，少了油水便会索然无味。因此，「东坡肉」千百年来才会被人恋恋不忘，「肥」竟是人类味觉里极重要的元素。

其实科学家指出，由于人类对含高油脂食物喜好的本能，贪得无厌地摄取含油脂的高热量食物，迫使身体机能迅速消化并转化为脂肪，储存在体内，当食物匮乏时，得以消耗储备的脂肪来延续其生命，印证了适者生存的道理。

传说一位想成佛得道的师父，嗅到隔墙海产猪脚熬鸡汤的香味，实在难以自禁，越墙而入，管他三七二十一吃了再说，因而成就了「佛跳墙」这道福州名菜。其实那位师父莫须感到罪过，嗜食油脂如命的习性，是老祖宗留传给我们的基因所导致的，故而我们逐肥而吃，何罪之有。

笔者一直记得，当年大哥远赴东港至公中学就读，第一封家书竟是满篇的「肉」字。这个故事如今也得到了解释。

卖鱼郎 2008/2/22

黒毛和牛 霜降りもも肉
すきやき
やきにく
100g
税込
650円
黒毛和牛 霜降りロース
すきやき
やきにく
100g
税込
890円

米其林星级餐厅

「米其林指南」(Michelin Guide)是法国米其林轮胎公司为了帮助开汽车旅行人士而发行的年度指南，其中包括了简易汽车维护说明、轮胎修补、加油站、修理站、电报站的地点及旅店餐馆等信息。1900 年至 1920 年这本小册子是免费供应的，但总是乏人问津，堆在加油站的工作台上，有时当做别种用途。于是，米其林公司将指南手册变成有价商品在柜台出售，立即引起大众关注。

1926 年，「米其林指南」在好吃的餐厅前加颗星，表示这家馆子食物不错。1930 年时「米其林指南」将星增加到两颗或三颗给更杰出的餐厅。由于「米其林指南」的财务由母公司支撑，其评鉴结果不涉及利润输送，数十年来在欧美的饮食界建立了「严肃及可靠」的信誉，持续发行了一世纪后，在封面印有叉子及汤匙的「米其林餐厅指南」红色册子，成为法国饕餮们的圣经宝典，也主宰了法国及欧洲餐饮界的时尚潮流。

「米其林餐厅指南」对星级餐厅的评定以最佳烹调技艺为重点，菜肴的种类并不重要，评定结果仅代表盘内食物本身，室内装潢、服务质量、餐具桌椅等并不影响餐厅等级的评估。「米其林指南」的网站中登载了成为星级餐厅的五个要件：1）食物的品质。2）精通烹饪及调味之术。3）菜肴的独特性。4）价有所值。5）恒久不变的质量。一颗星餐厅：是值得停车一试的好餐馆。二颗星餐厅：有卓越烹调技术，值得绕道造访。三颗星餐厅：

罕见的佳肴，值得专程拜访。所推荐的餐厅大多费用昂贵，当然，「米其林指南餐厅」也有对非星级餐厅的评估及其他介绍，惟非本文讨论范围内。

1966 年，名厨 Alain Zick 因其餐厅被降为两颗星而自杀。2003 年 2 月 24 日，法国最负盛名的大厨 Bernard Loiseau，听到小道消息说；新出版的「米其林指南」要将他的餐厅 Cote d`Or in Burgundy 从三颗星降到二颗星，信奉完美主义的 Bernard Loiseau 受不了刺激，既愤慨又鲁莽地就自杀了。四天后发行的「米其林指南」未如传言将该餐厅降等，Bernard Loiseau 枉送了珍贵的生命。由此可见，法国厨师多珍惜烹饪大师的荣誉。亦可知道「米其林指南」对法国餐饮界的超凡影响力。

被米其林评为星级的餐厅莫不宾客盈门，一席难求，就是远在天边，都有客人不辞千里而来。人们更将去过某家「米其林」星级餐厅或识得某星级大厨，当作向亲友炫耀的话题及跻身上流社会的左证。米其林的星星非但授给餐厅也颁给主厨，得到一颗星只要保持水平，餐厅及主厨即可保留其荣誉。二、三颗星的餐厅及主厨如想持续保有星级的光环，就得始终保持其超凡完美的水平。有些餐厅老板及主厨更把「米其林指南」的「星星」当成毕生的荣耀及追求的目标。

米其林 2005 及 2006 年发行了纽约、旧金山指南，2007 年完成了拉斯维加斯及洛杉矶版本，但未引起预期的轰动。约纽时报食评家克鲁兹（Kurutz）指出；「米其林指南」较着重法式菜肴，被推荐的星级餐厅以高尚、豪华、昂贵者居多。当地大众喜爱的非正式餐馆较不被关爱。有食评家认为「米其林指南」有势利（Snobbish）的倾向。

为了抵消网络普及致使销售数量下降的压力，米其林指南决定扩张亚洲市场。经过三位欧洲籍和二位日本籍的美食密探一年努力后，双语《米其林餐厅指南，东京 2008》发行了。红色封面上依然印上叉子与汤匙，而不是东方人用了千年的筷子，这是米其林跨越东西文化藩篱的大胆尝试。结果，米其林破天荒地给了东京餐厅 227 颗星，其中 9 家属三星级餐厅、36 家两颗星、128 家一颗星，比法国巴黎多了两倍，比美国纽约多了三倍。东京顿然成了米其林星级餐厅最多的城市。据统计：东京共有餐厅 160，000 家，巴黎 13，000 家，纽约 25，000 家。

东京有一家小餐馆「次郎寿司」得了三颗星，82 岁的小野二郎成为有史以来最年长的三星级大厨（米其林认为三星级就是世界级），米其林还要召集全世界的三星大厨到东京来祝贺。此动作并未触动敬老尊贤的日本媒体及美食评论家的心弦。连东京市长石原先生也颇有微言，认为许多本地公认口味更佳的餐厅都未列入。尤有甚者，在评审过程中，许多在东京享有盛名的餐厅

及大师级的名厨，竟傲然地拒绝了被美食宝鉴「米其林餐厅指南」推荐及登载的机会。知名的美食家 Nishi 先生表示：日本的美食是经过千年文化的传承及不断创新的结晶，呈献四季变迁之美与味，是天、地、人的美妙结合。凭什么几个外国人跳出来，告诉我们食物的好坏。不管评语如何，「米其林指南」在日本也卖出了 30 万本。日本作家 Okazawa 出了一本「庶民米其林美食指南」，指点庶民们何处寻觅便宜的美食，立即洛阳纸贵成了畅销书。

「香港」素称美食之都，港人个个嗜食，人人都是美食家。《米芝莲餐厅指南，香港澳门 2009》[3]未出版前，爱美食、爱赌马的香港人热闹闹举行了「米芝莲外围赛」。看看谁能预测被雀屏中选的星级餐厅。结果揭晓，老饕们大失所望，香港澳门共得了 28 颗星，被评定为三星级餐厅仅有两家，香港是设在顶级四季酒店（Four Season）内的中餐厅「龙景轩」，澳门是葡京酒店的法式餐厅 Robuchon a Galera。港、澳地区收录两星级餐厅 8 家，一星级 18 家，星级餐厅中包括了中、法、意、日各式餐厅，比起世界各大城市来似乎并不出色。

于是，舆论大哗。媒体纷纷质疑；许多历史悠久，大众喜爱的餐厅为何未上榜？居民热爱的鱼蛋档及许多街道食肆亦未被介绍，推荐的餐厅以高档贵价的大餐厅居大多数，伤害了一般老百姓的感情。十个老外加一港一中的两个华人的米芝莲密探评审团，到底对华夏饮食文化瞭解多少？是否会扭曲对中国菜的评级？被认为目标读者的本地人，怎会依循外人的指南来满足自己

---

[3] 米芝蓮為粵語之米其林

的口腹之欲？米其林指南总监 Naret 先生直斥这是「愚昧的批评」，表示在大旅馆内的餐厅厨房设备较完备，员工训练管理制度严格，菜肴质量较规范，容易被肯定。并宣布将考虑在明年增聘华人评审员，还说许多自己爱光顾的餐厅也不是星级的餐厅云云。

通常「米其林餐厅指南」涵盖范围以城市区域为主。报载 2009 年，台湾新闻局将与法国米其林公司签约，合作发行「米其林餐厅指南」专书。这是政府宣扬台湾美食文化的重大措施，我们将拭目以待《米其林餐厅指南 — 台湾》[4]的发行。

卖鱼郎 2009/1/11

---

[4] 《米其林餐廳指南 — 台灣》一書已出版

情人节的松露大餐

每年二月十四日情人节这一天，是美食餐厅的大日子。如何调理出色香味俱全，又能增进爱情效果的美食，是厨师长面临的一大课题。珍贵稀少的松露（Truffle）大餐便是情人餐中的首选。

有些欧洲人认为松露特殊的气味（Aroma）及与众不同的味道有助于爱的情趣，任何美食中配搭松露调理，均能突显其尊贵感。如果你请情人吃炒蛋或意大利面，明天或许她会忘记你，如果吃的是法国 Perigord 顶级黑松露（Tuber Melanosporum）炒蛋或是意大利 Alba 的白松露（Tuber Magnataum Pico）烩面条，不管味道如何，保证阁下的爱人会将您铭记于心，终生永不忘怀。这就是松露的魅力。

1950 年代，松露也曾是馈赠名人的礼物，美总统杜鲁门受赠一颗 2.52 公斤的白松露，艳星玛利莲梦露也受赠巨型松露，均曾为注目新闻并传为佳话。2006 年 11 月香港丽嘉酒店以 125 万港元的天价，竞标下一颗 1.51 公斤的白松露，回港款待名流仕女，并申请列入金氏世界纪录。

松露生长在树根盘缠的地底，浅土中的一种块状真菌（Fungus），通常季节为中秋节后至来年春末。黑褐色的外皮，成熟的菌肉呈漆黑色，乳白色的纹脉清晰可见。松露百分之八十以上是水份，新鲜时硬硬的像番石榴，过阵子像橘子，再久就变成像软柿子了。

松露成熟时其化学构造及气味与母猪发情时相似，也有点像人类腺体分泌物的气味，但现在已有人工合成松露的气味了。一些高档的超市有卖白松露油的，如读者好奇的话，买一小瓶来闻一闻，说不定你会喜欢的。欧洲人天生对气味的辨认力极强，鼻子构造也不同，吃东西时特别注重食物的气味，好像是用鼻子吃东西一样，这是我们老中不能想象的。

中国青康藏高原，也产黑松露（Tuber Indicum Cook）学名黑孢块菌，没有法国产的味浓，但也是猪哥们的最爱，云南山里的少数民族叫它猪拱菌，无粮藤果（不能当粮食的藤果），由于像中药的伏苓，山里的采药人管它叫假伏苓，在还未外销欧美前，是没人要的真菌植物。近几年来云南昆明野生菌集散市场，黑孢块菌收购价超高，入秋后村子里的农民们，个个都背着锄头上山挖黑孢块菌去了。

青康藏高原适合生长松露的地区绵延数千哩，产量可真不少，每年空运法国便超过千吨的数量，加上冷冻松露及干燥松露产品更远超此数。松露越多越不值钱。法国松露协会要政府成立 DNA 鉴定小组，区分本地及外来品种，以维持本地产品的高价格。由此可见中法松露很难分别，要借重高科技 DNA 技术才能竟功。法国黑松露产量越来越少。虽然年产量已经不及百吨，但从法国空运至世界各地顶级餐厅的顶级黑松露还是源源不绝，也着实令人费解。

美食家钟英胜先生说：云南的松露香极了，像少女的幽香，这种味道已经久违了。他进一步解释：他年轻时在女中任教书，下课后小女生围上来问功课时，闻到的就是这种香味。并说：拿松露来炖鸭子加春笋，会很好吃！当天我就拿松露压在枕头下，整晚也没闻到少女的幽香，实在失望之极。他真是能欣赏松露的人。每次来访，我都会奉上一包松露给他享用。他并表示：这是好东西，但是花大钱去吃松露，可能就要考虑了。不过我想：如果能请到林志玲小姐一起享用情人节的松露大餐，任何花费都是值得的。

卖鱼郎 2007/02/04

中国松露宣传图片

再谈「松露」

在美国星级以上的餐厅，昂贵的「松露」总会出现在情人节的菜单中。为取悦爱人确保爱情的圆满，共享「松露大餐」，已经发展成情人们庆祝情人节不可或缺的启幕式了。

松露是一种圆形的真菌植物，与松树没关连，与露水更没姻缘。上世纪在意大利被炒作成是能增长男女爱情的美食，当时还送了一颗巨型松露给艳星玛丽莲梦露而成为世界新闻，于是Truffle 在那时便被翻释成「松露」这么个诗情画意的中文名称了。

「松露」通常生长在树根盘缠地底里，它成熟时附近地表的青草微微泛黄，并会散发出一种特殊的味道，很接近猪只发情时散发的气味，猪只会拚命地把泥土拱开把它吃掉。早期欧洲的农人都是靠猪哥们带路找到松露的，中国云贵高原的农人管它叫「猪拱菌」。

松露遇水以后，气味便会走失一些，法国松露是和着泥巴卖的，中国出产的松露却一定要经过去泥清洗处理后，才能出口至欧美市场。也许是这个原因，所以中国产的松露与法国、意大利产品的价格有天壤之别。某农产专家告诉我：松露经水洗失去的气味，经过处理后是有可能恢复的。

法国松露产量极少，意大利有明文规定不允许进口松露，以保证物以稀为贵的本土产品价格。但勤奋的中国农夫与商人连手合作，每年入秋后至春分前将近千吨的松露源源不绝地出口到法国及欧洲各地。法国亦是松露出口国也是进口大国。只要贴上法国卷标，就卖得好价钱。松露从内地空运到香港转口到法国，换了包装后增值数十倍，又立即被美食家抢购返港的情事是屡见不鲜的。

法国松露带上泥土不分规格每公斤 500 至 800 美元。中国劳动群众挖到松露后经过洗净分等出口的手续到岸价，每公斤才 60 至 80 美元。法国菌农为保卫的本土松露价格，暨消费人协会与波尔多大学合作发展利用 DNA 测试分辨松露的技术，成功解读了松露及其生长地附近树木基因密码，清楚地分辨法国本土货及进口中国松露之不同，以免法国消费者用高价买到鱼目混珠的廉价的泊来品吃亏上当。可见中法松露差异极小，要用高科技 DNA 技术才能分辨真伪，难怪少数敢以假乱真的贸易商都发了大财。

黑松露像颗黑色的番石榴，硬硬圆圆的。成熟过程中气味不断变化并渐渐变软，切开后里面呈现大理石纹般的白色纹路。尝起来口感有点脆硬，不甜、不酸、不涩带丝许暗鲜，有些泥土味，咬在口里没啥滋味。虽然价同金等，但被人偷偷像猪一样一口一个吞掉的机会不大。

有位生长在松露产地的法餐主厨告诉我，每颗松露成熟期都不同，他每天都要挑选一次，找出最成熟的来使用，烹饪时用量很小。看他站在烛光摇曳的餐桌边，似有似无地用特制的小刀刮点碎末或切下如纸般的松露薄片飘在菜肴里。于是客人眼见为证，拍手为欢，满足了心中的高贵感。他的餐厅一天用不了一两颗鸡蛋大小的松露，好松露的气味每个人都闻得到，但他说，能用松露煮出美味道的厨师不多，有时也靠点运气。真正能品尝松露的美食家更是凤毛麟角。讲得玄之又玄简直像个练丹师。

每年入冬当松露内部从浅色变黑时便成熟了，其实松露有股浓郁绵密的气味，有点像人分泌出体液的气味，而且有特强的穿透力。内行人说每颗松露的气味都不同，有人说吃了松露好几天身体都会发出似有似无麝香味儿，最恼人消魂。可惜我的小鼻子嗅觉迟钝，无福享受。公司每次进货时都关上门在办公室整理分包，不一会，整栋大楼都会散着怪味儿。总有人来敲门，伸头一探究竟。尤其鼻子较尖的白人特别敏感，放在冷库时，那白人经理都要工人用胶膜布，像木乃伊似的一层又一层把我的珍贵松露捆起来，生怕那香味儿钻进其他的货品里，被客人举报找麻烦，我总觉得他小题大作的西方习惯改不了。

也有老中喜欢松露的，吾友钟老板曾是女中老师。他说这香气就是他久违了的「少女的幽香」，他接着说每当下课，少女们围着他吱吱喳喳地问功课时，散发就是这种幽兰般之香气。从此，每次货到，我都会留几颗「少女幽香」送给他去回味往事。

那您也许会问：喂！卖鱼的，你卖了那么多年松露，又卖给我们这么多关子，说说看：松露究竟好吃不好吃？我答道：真的说不准！牛、猪、鸡、鸭用煎、炒、煮、炸、熬及诸多洋配方我都试过多次了，就是弄不出好味儿来。当酬劳给同事他们也都不要。问那些老饕，也是只记得骇人的账单，而不识其味。

但是，有一天去潮州馆吃面，拿了一小块放在汤里，咬了一口就像咬破了香水瓶，溢出的液汁散发着尖锐的香气，剎那间口齿鼻舌感受到的那份幸福是永生难忘的，卖鱼郎的这支秃笔更是无法形容。另一次在北京吃海鲜涮锅子，不晓得是老板用啥子中药材做锅底，我顺手加了几片松露在锅内，不知是否神使鬼差或是缘分到了，那锅汤浓郁的香气与绵长的滋味也是无与伦比的，在座友人啧啧称奇，那种好味道至今无法忘怀。尔后，曾多次在面里、汤里加上大颗、大颗松露，但那两种滋味再也不曾复显了。

云南超大黑松露与同事 Freda

去年冬天中国商检局在出口的松露中发现了微量(一亿分之一)的重金属含量，我们公司为了减低风险，也因此停止了进口松露这个项目。但是我还是很怀念那无厘头卖松露的日子。

请参阅前文《情人节的松露大餐》

卖鱼郎 2008/2/14 情人节午夜

傻瓜蛋喝「红酒」的诀窍

九十年代初，有一位香港的红酒收藏家，听说某老板喜欢喝红酒。既然是同好，便馈赠了自己珍藏 1970 年 Chateau Latour 的红酒（市值约 6,000 美元）。当晚，老板吩咐将这瓶珍贵的红酒让大家分享。按当时饮红酒的习惯，餐厅包房里的女服务员把红酒打开，将整瓶酒倒在玻璃缸里，对上两三罐雪碧（Sprite），然后加上冰块，倒在每位客人前的高脚杯中。

当冷菜上定了之后，老板举起了红酒雪碧，说几句开场的应酬话。然后锵、锵两声，将杯底碰了碰放菜的圆玻璃转盘，表示大家碰杯之意，仰首一饮而尽。在场宾客也都跟着干了杯。那天我有幸在场，觉得红酒加雪碧，滋味还不错。我瞄了送酒的收藏家一眼，见他面色苍白毫无表情，但也跟着干了那杯红色的冰雪碧。

十几年前咱们老中把洋人的琼浆玉液加了雪碧来干杯，就像老外把餐桌上洗手盅里的水当汤喝掉一样，不是什么了不起的事。不过是东西饮食文化差异嘛！随着时代变迁，世界经济文化密切交流，品尝红酒的能力已成为时尚生活的重要指标。懂得挑选、品尝红酒的人士，就是宴席上的新宠及为同桌老饕敬畏的人物。

本人为了赢得美食家及红酒专家的尊重及认同，也曾经努力学习及实习了很多岁月。也许我对花粉过敏伤了嗅觉，也许我滚烫的热汤喝多了坏了味蕾，也许我对气息的想象力不够丰富。老实说，许许多多专家所说的各种香味，我闻不真切、也尝不明白。能说出这瓶酒顺不顺口，醇不醇厚，会不会太酸，已经觉得很自豪了。自知资质不好，但也总结一些喝红酒装模作样的方法。虽然不能赢得品酒专家的称号，但也可保住面子，在餐宴上「唬弄」过关。

第一，先用眼睛：不管你有没有色盲，用眼睛盯着酒看，不要眨眼。再慢慢地把杯子举起来迎着光，像是欣赏一颗稀世的红宝石的色泽及其透视度。然后，把杯子向外微微倾斜，放在白色衬底前，再看一看艳丽的色彩及纯度。如果看不出名堂也没关系，但动作要悠然自得，不要像化学实验室工作人员一样地认真。记住，此时千万不要像狗一样用鼻子去闻酒的味道。酒还没醒过来呢！太早了，要高深莫测，不要说话。

第二，用手：用两或三只手指轻轻握着酒杯的细柄，把杯底按在桌面上，小圆周逆时针慢慢打转（在南半球时要顺时钟转）。

这时，酒会在杯内像跑马车般地旋转（这动作不难，但需要在家里练习一下）记住，不要转太快，万一红酒洒在贵妇人的礼服上可就大事不妙了。你脸上的表情要像化学大师一样。盯着酒，等着空中的氧气和温度使酒产生微妙的化学变化，释放出奇异的芬芳。千万不要用手掌握住杯肚，试图用体温影响酒的化学变化，那你就露马脚了。

第三，用鼻子：好红酒是用嗅觉喝的，一定要先用鼻子去闻。就像闻美眉的脖子一像，要闻得近，闻得深，脸上要带点陶醉的表情，鼻子不通也没关系。

第四，用口含：喝前用鼻子再闻一次，优雅地倒入口中，要好像舍不得把酒吞进肚子的样子。尽量把酒在嘴里多含一含，吸吸气，再滑进喉咙里。要像喝昂贵的香水一样，虽然你从来没喝过香水。

第五，再用眼睛：不管你懂不懂法文，把酒瓶拿起来，仔细地研究一下酒瓶里天、地、人、禾的乾坤（天：生产年份的气候。地：种植地点的风水土质。人：酒厂调酒师的创意。禾：葡萄的品种传承。）。要用赞许的眼光，凝视着酒瓶，口中念念有词。别真的念出声音来，酒瓶上的字，可不容易发音准确。

以上喝红酒的五个诀窍，是给傻瓜蛋参加饕餮会用的，包你会获得尊重。记住！品尝红酒像学「禅」一样。只能意会，不可言传。品红酒的学问太深奥了!许多人竟然几十年都不能够开悟。所以喝红酒时要保持沉默是金的原则。傻瓜蛋一开口，就像农家的野菜包子露了馅，马上没人理睬。等下次大家吃美食、品美酒时，就没你的份啦！

<附录读者来信>

亲爱的卖鱼郎：

昨天 X 小开带我去吃法国大餐，我只用你的傻瓜蛋品红酒诀窍里的第二、三、四招，他就要带我见他的总裁爸爸了。您好棒哟！对了，请告诉我，到底我是傻瓜蛋喝红酒呢？还是喝红酒的傻瓜蛋？

爱您的

咪咪 上

<卖鱼郎回复>

亲爱的咪咪：谢谢妳的来信，其实我也弄不清楚，到底谁是傻瓜蛋。

祝妳 永远美丽

卖鱼郎 敬上

卖鱼郎　2008/9/4

松茸 — 秋天的味道

每年初秋时节，在美国的日文报章、电视、日文网站及日侨聚集之市集，都充斥着「松茸」礼盒直送日本的广告。从广告制作的精美、涵盖面之广泛中发现，日本侨民对新上市的「松茸」需求殷切。快递新鲜「松茸」礼盒至日本，所费不菲，每 250 公克（1/4 公斤）约美金 65 元至 135 元，且供不应求。

古代日本「松茸」是少数社会显要才能品尝到的山珍贡品，也是贵族们相互赠送的时节礼物。凄与美是日本文化中重要的元素。在天高气爽之日，飨宴于红枫遍野之间，尝「松茸」美味与清香，配以佳酿，思亲怀友，叹时光之不待，感生命之须臾，是日本上流社会生活文化的一部份。现在，「松茸」已不是日本贵族独享的珍味。「松茸」的出现，已成为全民迎接美丽的秋天的到来、忧感时节荏苒、思亲念友、恩谢上苍美好赐予的重要信息了。初秋时分，能接到亲友馈赠上好的「松茸」，心中感受到的温馨与情谊是无与伦比的。

「松茸」是一种真菌植物，国人称松口蘑，学名为 Tricholoma Ponderosa，日文 Matsu-take，秋季 9 月初至 10 月底时，生长在寒温带海拔 1600 至 3200 公尺的山林里。是与赤松及多种松树、铁杉、云杉、共生的菌根菌。由于松与菌之间的共生关系一直未能明瞭，故全面人工培植松茸尚未成功。中国吉林省长白山上的生长高质量的「松茸」色泽洁白、香气浓郁、口感极佳（脆度），在日本市场列为高级品。松茸的等级以未开菌伞为最佳、半开菌伞薄膜未破为次，菌伞全开香气减弱咬感较软的就为三级货了。当然，各产地香气也不同。

中国青康藏高原各省广阔的松林里也生长「松茸」，以云南省昆明市为集散地。但色泽较深，香味稍淡，青藏高原交通不便，运输期长（松茸保鲜期只有三天），质量不及东北来得好。但地缘属低纬度高山区，「松茸」季节较温寒带区域早一个多月来临，赶早上市，也能卖出好价格。不合鲜品外销等级的松茸即制成干品、盐渍、冷冻产品外销日本。2000 年中国外销约 2500 公吨的松茸，创造外汇美金上亿。故「松茸」被列为国家二级保护植物。据统计云南省采摘松茸人口达 20 万人，每公斤可换取 190 元人民币现金，是当地农民的一大收入来源。

「松茸」的珍贵，是在其有股特殊浓郁绵延的香气（Aroma），适宜的口感及菌鲜味。以简单烹饪方法为佳，不宜与其他气味烈重的食品一同煮食，而破坏其原味。藏人以松枝烧烤洒盐食之，这是最佳吃法。日本人盐烧后滴上几滴日本小酸柚子（Yuzu）或香檬（Kabozu）汁，风味更佳。日式料理中为防香气跑掉，将松茸汤倒入有盖陶壶来蒸，叫土瓶蒸（Dobin Mushi），像功夫茶般，一口一口用小杯慢慢品尝，用嗅觉味觉来感受秋天的滋味。也有用松茸焖饭，做寿司，茶碗蒸蛋等等不同的烹调方式，但都以保存天然香气为主，很少人会加点葱、姜、大蒜或重味的海鲜肉禽去破坏上天赐予的香味。

日本松茸市场

但云贵高原的采菌人并不认为「松茸」的气味很香，「松茸」长得像当地的「鸡踪菌」，因此管「松茸」叫「臭鸡踪」。日本人出高价来收购，山民们不以为然。无独有偶，素有西方美食王国之称的法国，对「松茸」就兴趣缺缺。可见对美食的爱好，区域性及文化背景是重要的关键。

北朝鲜七宝山，靠吉林省长白山边界，被公认为最佳松茸产地。2000 年南韩卢武铉总统访问北朝鲜平壤时，赠给金正日大统领济州岛茗茶、「大长今」影集 DVD 等礼物。10 月 4 日卢武铉一行经 38 度停火线返国时，北朝鲜人民武装力量副部长朴在庆奉金正日之委托，以其专机急运七宝山一级「松茸」3000 公斤，每盒 1.25 公斤，每箱 8 盒共 2,400 盒，馈赠南韩访问团。

是夜，全汉城高档餐厅、高级住宅都举行了以统一为名的松茸宴。隔天早晨，没被邀请，没吃到金正日的特级「松茸」的政商要人们，都椎心疾首，颜面尽失。在韩国统一大业上，「松茸」也扮演了重要的角色。

杨锦文 2008/8/23 于南加州

云南野生菌市场

牛仔美食「穴烤肉」

九月初劳工节长周末，我与内人受邀赴北加州圣荷西参加同学会，将住宿在主人的农场里。行前被告知，这次主人将在农场里两百多只安哥斯黑牛（Angus）中挑出一头两岁大 800 磅重的牛犊子，请真正的牛仔在野外烤给我们这些老同学大快朵颐。卖鱼郎少年轻狂时曾经偷烤过几十台斤重的山羊，烤全牛可没见过，800 磅重的大牛，乖乖隆地冬，那如何炮制呢？想想，口水都流出来了。

飞去圣荷西的前晚怪梦连连。日正当空，吊人树上吊一头大黑牛，牛下燃着熊熊大火，两个牛仔举着步枪对着我，另一个牛仔吆喝着用赶牛鞭不停抽打着牛背。这时，吊人树突然断了，800 磅的牛肉向我砸来！我没命地大叫一声，老妻赶快把我摇醒，去赶飞机。

农场里分两区各占一个山头，羊群、鸡屋、犬舍在低洼处的池塘边，当我们走过时鸡犬相闻甚为热闹。绵延上坡的柏油路旁种了许多天津板栗树，树上长满毛绒绒的青栗，葡萄园、梨子、苹果、杏子园各占一方。水果季节已过，只有一颗晚熟的杏桃长满了红果，我一连试吃了好多颗都涩喉咙，只得作罢。远远望去牧场里黑点处处。原来，两百多头牛散在农场里低头吃草。

三栋葡式独立家庭住舍像连体婴般地连在一起，这是前葡萄牙籍老庄主三代同堂的梦幻庄园。听说，这农舍祖孙三代同乐的机会并不多，庄主现在已告老归国了，天下事不如意者十之八九，自古中外皆然。

黄昏时刻，来了两部小卡车，跳下来三个带了牛仔帽的彪形大汉。贰话不说，在菜圃边的松林坡地上深挖坑狠砍柴忙得不亦乐乎，卡车上音响大声播放着西部牛仔音乐，我立即被这天苍苍野茫茫牛仔气氛感染了。不一会坑挖好了，埋进了个三呎半直径、约四呎深、一吋多厚既沉又重的铁缸，然后在里面生起柴火来。

不一会妇女们也来了，带来了食物、毛毡与更多的饮料，还有可用火烤来吃的白棉花糖（Marshmallow），大伙围着熊熊燃烧的穴火，也就是英文说的 Pit Fire，谈天说地喝啤酒吃野餐，听牛仔音乐不亦乐乎。看来，牛仔们准备通宵抗战了〔为了安全必须在营火边守夜〕。但却没看到 800 斤的牛，我实在忍不住了，问爱尔兰后裔的牛仔头领丹尼：「Where is the beef？（牛肉在那儿？）」 他说：「牛肉已冷藏处理 Aged 过，今天上午从肉铺领回来了，晚上将用不同的配方腌起来，明天早上六点半开烤，下午五点半就可上席。」六十多位宾客准备了七十多磅各部位的肉，足够飨客了。

我又问：「这种烤肉方式叫什么？」丹尼说：「穴烤（Pit Barbecue）。」牛仔们夜宿野外，清晨去赶牛前利用昨晚营火的余烬理上晚餐，傍晚放牧回来时焖烤了一天的晚餐也香喷喷热腾腾了，经过整天的劳累饥肠辘辘的牛仔们再升起了营火，大快朵颐慰藉整日的辛劳。这牛仔「穴烤肉」是牛仔们传统的美食。

丹尼又说：「我从不在超市买肉吃的，只吃自己养的吃草牛，吃草的牛很少生病，也不喂激素，是地道的有机牛肉，屠宰后冷藏处理约 2-3 周，滋味好极了。」可惜这种有机牛只能自己吃不能出售。养殖场玉米饲养的牛太肥又太嫩既不可口且不健康。我看丹尼一身精肌铁骨，不太像常去光顾麦当劳大腹便便的俗士。

原来，现代的牛仔只是养牛不杀牛的，放牧在草原上吃牧草长大的有机牛没油膘太瘦了，够不上消费者的要求标准，不能直接送去肉类包装厂（Meat Packer）屠宰，得先送去拍卖场拍卖，通常 800 磅重两岁的小公牛能拍出 600 至 700 元来。

中间商将拍来的牛，送到养殖场去用高科技的特殊饲料催肥，快速增加肌肉中的脂肪含量，让油花在肉中分布得更均匀美丽，风味更肥腴可口。在动物集中养殖场能在三个月中增重百分之二十五，某些部位的肉质香嫩得入口速溶，合乎星级老饕的品味。

为了明天的同学聚会，三周前牛仔请了职业屠牛士来帮忙。据目击者说，那位现代庖丁开了部吊挂车来，车上枪、刀、锯、炼、水喉等用具一应俱全。不一会就把 800 磅畜牲的皮牛、内脏、牛头、牛脚分别卸下，丢在野外喂老鹰，再把牛身分解为左右两大块，清洗干净，吊上卡车扬长而去，费时不足一小时。没几天那群老鹰也飞走了，地上只剩下一堆干净的白骨。听说，农场上次 DIY 屠牛，帅哥总经理包伯（Bob）临阵手软，一枪没射中要害，小牛犊狂奔而去，最后费了九人二车之力，才平息了这场人牛之争。

满脸红雀斑身体壮硕的丹尼与妻子就住在对面的山上，管理数千头牛的牧场，乔易（Troy）是牧场里唯一的长工，是个胳膊有我大腿粗的大块头。牧忙时附近牧场的牛仔都会来帮忙。有个南美绅士口音的牛仔马纽（Manua），是城边的养马场的主人，来自中美洲危地马拉的旺族，他手上拿了瓶罕见 25 年的古早蔗酒（Run），烤着棉花糖，边吃边喝边讲热带雨林牛仔的故事，

风度好极了。等到夜深，我也没尝到一口什么的，就意兴索然地去睡觉了。

清晨六时半天才刚亮，丹尼已经在卡车边捆扎牛肉了，看来没脂肪的有机牛肉红亮得出奇。肉昨日已经腌妥，各部位的肉有了不同的配料，有些肉切口后塞进蒜片，也有塞些柠檬皮的，各式香料用得很多，有用白兰地酒调味，也有肉中用针筒注入了加州红葡萄酒，林林总总，丹尼也没多说。我咬住舌头，没喋喋追问各种秘密配料的方程式，就生怕牛仔们拂袖而去，晚上没得吃了。

经过一夜，木柴都变成红炭了，铁缸也烧得炽热。牛仔穿上长袖戴上面巾〔以免热气烧焦胡须汗毛〕，将红炭一半挖出穴外。肉块用双层工业锡箔纸包妥后再用湿麻布袋裹好用铁丝扎起来，置入穴内。汤也是用穴火烤的，牛仔将各种蔬菜切块、洋芋及大块牛肉加清水置入一只二十多磅的生铸铁锅中（Dutch Oven），用铁线捆好一并放入穴内，理上余烬，盖上铁盖，再用泥土将穴掩上「牛仔烤肉」大功告成，等待下午开穴大吃啦。

下午五时大伙回到现场，土堆里还冒着丝丝白烟。牛仔用铁铲挖开土堆打开铁盖，这时松林中肉香扑鼻，虽然我没整天骑马牧牛驰骋野外，也不禁饥肠辘辘。

不一会，客人都来了，许多佳宾是附近农场邻居，有人穿了西部开发垦荒时代的服饰，有位献身在印地安保留区的老牧师朗诵着动人的诗歌，调酒师比尔是投资银行的副董，来此自愿服务。宴席中大伙其乐也融融。

席中迫不急待地尝过所有不同部位及风味的牛仔烤肉，各种鱼类的鲜味及口感我熟知善道，但品尝有机牛肉各种的自然风味，对我来说是一个新的经验。食草牛太过精瘦，不像 Costco 大卖场卖的肥牛肉虽不健康但很好吃，我这个老中对各式香料芬芳的气味也不熟悉。经过长时间焖火烹调，肉的口感是非常柔软适口。有机牛有点像几十年前台湾的瘦黄牛肉，但没有台湾古早红烧黄牛肉里酱油、糖、味精的熟悉味道。牛仔在野外烹调通常不用糖、不用油、不用味素、也没鸡精，只加少许盐和一些香料，要靠自已去品尝牛肉各部位的天然的滋味，也许这就是牛仔们烹调的特色吧。

席间老水手兄给我点了一杯叫 AK47 冲锋枪的鸡尾酒，这杯酒就像真的 AK47 冲锋枪一般犀利，半杯下肚就口无遮拦像冲锋鎗一样。喝着冲锋枪，吃着牛仔烤肉，男同学们抢着说对方的少年糗事，听得个个资深美女捧腹拭泪，笑逐颜开中，竟不觉牛仔烤肉会已席终人散。

卖鱼郎于罗兰岗 2010/09/30

雪花牛

报载 11 月 3 日在上海浦东国际机场海关发现，一批来自日本旅客的托运行李箱中、手提箱内、背包袋里装满了顶级「和牛」（Wagyu）肉眼（Ribeye）肉，共八百多公斤，若每公斤一千二百元人民币计算市值一百万余元 RMB，而且这价格数字仅是保守的估计。由此小小的走私案件中，可以窥见新中国对高档产品的消费力惊人，市场供不应求。在上海、北京、广州的时尚餐厅，一桌「和牛」肉眼涮涮锅加几片上品金鎗鱼腩（O-Toro）刺身，没几万元人民币是辨不成席的。

「和牛」是日本引进欧洲各名种牛，长时间优生育种而成，为世界最优秀的肉牛品种，由于此牛是属日本独有之品种，「和」为日本之简称，故称为「和牛」。其肉色鲜丽，脂肪有如大理石花纹般分布在肌肉内，有若秋季降霜时般的美丽，称之为「霜降」，国人叫做「雪花牛」。「和牛」饱和脂肪酸含量低，凝脂若霜，入口柔融欲化，风味鲜美独特。与海中圣品蓝鳍金鎗鱼「特级 O-Toro」一样是不可多得的人间美味。

「和牛」为现今级别分类最严格的牛肉。每条和牛均各备家谱身份证明、幼牛成长初期便开始约 20 至 28 个月的育肥期。并喂以特制营养饲料增加其肉质鲜美。牛舍冬夏温度湿度均为自动控制、聆听音乐得松弛其精神状况，并定时按摩肌肉喂饮啤酒求其肉质弹性适中，脂肪柔软易溶，睡的是铺锯木屑的软床[5]，使得各部肌肉均衡成长，每只和牛均生长在极其完善的生态环境中。

虽然一群和牛生长在相同环境中，但肉质级别不尽相同。和牛质量区别共分五级，A5、A4、A3、A2、A1。日本统计数字显示：A5 级只有零至 5%牛只入选，为特上级。A4 级 5-15%入选称之特级。A3 级 30-35%入选为高级。A2 级得 50-55%为普通级和牛。A1 级是淘汰级，不能谓之「和牛」。

肉眼（Ribeye）是两肋肉最中心部位，肉脂含量高肉质鲜美细腻，甜美的滋味溶于舌齿间的幸福感，是其他肉类无法取代的，肉眼确实是「和牛」中最美味的部位。一只七百五十公斤的「和牛」只得两条 5.5 至 6 公斤肉眼肉，取肉率为 1.5%。十分珍贵。

在中国吉林长白山西麓、辽东半岛旅顺、鲁东青岛、均在试养「中国和牛」，亦已有一定的成果。笔者尝过 A-3 级的长白山「和牛」，不论色泽、滋味与口感还真的不赖。（长白山养殖场 2600 头牛中没有 A-5 的牛肉，如真出了几条 A-5 牛，也并到 A-4 级去了。其实在日本也难买到 A-5 级的和牛肉。）

笔者认为，中国实业家们在上海美丽的黄浦江畔，临江招待欧美客户时，已经不必购买走私产品，完全可以自豪地点客美味多汁的顶级 A4「长白山牛排」，配上顶级珍藏「长城干红」飨客，包君满意不必多虑。

---

[5] 牛睡時固定姿勢壓在地上的肉質不好，故用較柔軟的鋸木屑。

雪花牛

卖鱼郎 2007/12/2

日产 A-3 级和牛

「海南鸡饭」谁最正宗

报载马来西亚旅游部长黄燕燕日前指出，海南鸡饭原是马来西亚美食，多年来被其他国家掠夺，她准备为海南鸡饭等美食申请专利，将它列为「马来西亚美食」。邻国新加坡的老饕们知道后非常不满，认为「海南鸡饭」是星洲招牌美食，怎么可以被他国注册专利呢？但香港食家刘健威认为，香港的鸡比较新鲜，所以最好吃的海南鸡饭应落户在香港。

笔者在新加坡、西马的吉隆坡、槟城、东马阿皮亚（KotaKinabalu）、香港、澳门、台北，甚至海南岛的海口都尝过海南鸡饭，唯独教人难忘是曼谷街角那家海南鸡饭小店，鸡肉多汁鲜美、滑腴紧实，皮色金黄少油薄脆，两种蘸料：一为蒜茸酱油，一为姜末香檬柚汁，这两种蘸汁将鸡肉导引为两种不同的风味。米饭粒粒饱满晶莹剔透，微薄的鸡脂将淡淡的米香与蒜香混合成一股奇异的芬芳，再伴着一碗浓郁清澈的鸡汤，这种完美的鸡饭料理，相信是习惯吃大米、土鸡长大的华人都不能拒绝的人间美味。小店中那位胖美眉忙着剁斩鸡肉的模样，至今还留在我脑海里。

海南岛是东南亚许多华人的侨乡，海南人善烹鸡，海南文昌鸡自古即享有盛名，海口、文昌一带就有无鸡即不成宴席的说法。文昌鸡种足短，体型中等，重约 1500 克，一只整鸡的大小刚好上桌。文昌县多榕树，榕树果实有香气含油质，家鸡多啄食榕籽昆虫生长，油脂存积双腿近膝处，鸡皮脆薄，皮下脂肪少，肉嫩有弹性有股特殊香气。生长期约 150 天，作法多以低温水煮白切。

海南人侨居东南亚时，把祖传拿手的白斩鸡介绍至侨居地也不足为奇，但在海南岛各城市却看不到专卖海南鸡饭的餐馆。在东南亚将米饭用鸡油蒜茸及其他佐料调味配搭鸡肉享用，是否是海南岛独有的菜肴，也需考证。但笔者总认为海南鸡饭中的米饭有点葡萄牙或西班牙烹饪的影子。

香港是世界美食之都，对鸡的品种挑选也非常讲究，食用鸡种以喙黄、羽黄、足黄的「三黄鸡」为主。各种三黄鸡遍及两广及三江流域，以北江清远鸡，中山石岐鸡，东江惠阳鸡为主要供应地区。经过现代育种技术改良后，三黄鸡长得又快又大，肉嫩多汁，但是纯种黄鸡已不多见。

日前香港农渔议员黄容根先生宴请同僚时以罕有的「古典石岐鸡」飨客，所谓「古典」者，即是自然成长 120 至 150 日才上市的原生土鸡。而不是饲料换肉率高，飞跃成长 70 至 90 日便可宰杀上市的大只佬「科技新鸡」。为了进一步改良肉鸡品种及风味，香港现已引进法国威斯顿黄鸡，将其与新一代的「石岐杂鸡」配种，预计明年六月，香港的老饕们就可尝到有法国风味、成长快速的「高芦石岐杂鸡」了。

「海南鸡饭」是华人定居南洋数百年后新饮食文化的结晶，亦反映了上代华人离乡背井远赴南洋求生的艰辛歷史。「海南鸡饭」是属于南洋华人的。不管在吉隆坡或槟城、新加坡、香港、西贡、曼谷、仰光、金边、马尼拉、雅加达也许伦敦、纽约、洛杉矶等地吃到的「海南鸡饭」，都会有炎黄子孙的血脉传承。

卖鱼郎 2009/9/21

清菜小辣椒

与老沈飞抵清菜已经八点了，才下过雨，约摄氏 25 度，盛夏的泰北没预期的湿热。这千年古城静悄悄的，驱车经过市中心时也没看到几处霓虹灯。陈总说：「清菜市最多就是古庙了，可惜现在太晚，看不到什么。但附近有一个庙是开的，供的是清菜的守护神，就像台湾的土地公庙一样，来！我们去参观一下。」

远远望去，一处地方灯火辉煌。老陈来泰北搞农业，靠土地生财，与他乔生意得先下访土地公。老沈说：「老陈，明天去拜吧！赶了一天的路，都饿了。」陈总没接腔，我也饿得发慌，接着说：「老沈，吃清菜本地菜好么？」

这家泰国庭院式餐馆门口满是车子，我们停在老远的路旁。一下车就闻到飘来的烤肉香，好个一家烤肉万家香！院子里大树很多，大门左侧放了个炭火炉，铁枝上酱红色的烧肉、香肠被燎出丝丝轻烟，带着动物油脂的焦香，闻得我饥肠辘辘，双脚发软，口涌涎泉。我想：这老板真是能人，竟用此等手段诱人入室。

邻桌的泰北小姐个个服饰艳丽、身材玲珑有致、皮肤净白、音柔面美，女性娇媚尽显无碍。老沈与我都同意，这种秀色佐餐的幸福、绝非台北或上海高档时尚餐厅可享受到的。陈总来泰北二十年了，常来这这家餐厅，所以由他作主：点了熏猪腿肉、熏肠双拼，炸鲶鱼块、红咖喱卤猪肉、什锦蔬菜、冬阳功虾汤，主食为香米、硬糯米两式。

尝泰式熏肉还是头一遭，有些广式蜜汁叉烧的风味，烟味中带有特殊的木香，熏得入肉三分，又有嚼头，余留齿颊的香味的久久不散。但我个人比较喜欢带些许肉汁及油脂的熏烤肉。北泰的散养猪肉质鲜美，油脂水份本来就不高，也许我们来得晚，熏烧得太久，油脂及肉汁都被烤炉逼失了。我看到走廊边展示的尽是熏肉、熏肠的真空小包，看熏肉必是此地招牌菜。这儿的熏肉确实滋味绵延，令人难忘。

清菜盆地的纬度在北回归线以南，标高约一千五百英呎以上，群山环绕，雨水充沛，属大陆性气候，出产高质量的蔬果。大火爆炒的什锦蔬菜十分香脆，甜度适口，看惯芦笋姆指粗，一颗白菜婴儿大的加州人，会觉得这儿的蔬菜个儿偏小些。糯米饭真是硬得可以，老陈说把米饭像搓汤圆用手指用力去搓，饭就会香软可口了，我试搓了搓，果不其然。

冬阳功汤味与曼谷尝到的并无不同，但汤里躺的不是我的期盼：身穿大红袍、膏腴满额、肉质鲜脆的湄公河野生大虾；而是在暹逻湾快速养殖营销世界的南美小白虾。现代科技无远弗届，令人惊异。裹粉炸鲶鱼块的蘸料是东南亚料理中常用的鱼露汁，乏善可陈。

红咖喱卤猪肉到是很特别：咖喱没有喧宾夺主的辛辣浓烈，与猪肉融合的卤汁胶而不稠，肉块糜而不烂、油而不腻，和台湾焢肉相似，但有香茅、葱头及脆如嫩姜般的香料调味，口感变化极好。几颗如铅笔头大小的绿椒散在红肉汁里。我没听陈总的劝告，一口咬下，乖乖，辣在嘴里，冲在脑门，后脑勺又好像被人插入钢针，好不刺激。看到离乡背井的陈总一碗又接一碗的幸福感，真为他高兴。

老沈静静地用手指拿着小辣椒研究把玩着，陈总见我们茶足饭饱便去结账，说要领我们去他的工厂参观夜班加工。我与老沈去厕所解放一下，准备上路。从厕所出来，老沈叫道：不得了，不得了，好辣，我被辣到了。我问：怎么了？他答道：刚才我摸了摸小青椒，接着上厕所小解，那里就被辣到了，哇！好痛。

我笑道：这是好事，这表示你还有童心，凡事都要弄个明白。泌尿器官又向你证明它还有感觉，没麻木不仁，可嘉可喜。最令人敬佩的是，你用知行合一的科学方法，解答了一个人类学里千古未解的疑问，那就是人为什么会有用右手抓食物左手去方便的习俗。一阵笑声中我们步出了这家令人难忘的泰北餐厅。

来时匆匆，去也匆匆，为了拼经济，第二天一早我俩得各奔天涯。由于时间紧迫，陈总只能在土地神庙外驾车飞转一圈，便奔向机场了。但我看出陈总有一丝失望及落寞的神情。但是我们约定，下次来清菜一定要做三件事，上守护神庙，打一天高尔夫球，然后去附近闻名天下的金三角区游览两天。

回洛杉矶已三周了，一直没收到厂方的报价。也许是我没听话去守护神庙上香膜拜，清菜土地公没批准我们的交易。看来，金三角之行没指望了，但清菜小绿椒的记忆却长存于胸，不能忘怀。

罗兰岗卖鱼郎 2011/7/19

台山的美食

笔者刚进入海产行业时，以卖虾为主。洛杉矶华埠是冷冻虾的集散地之一，办庄的老板大都是唐山阿伯，当他们知道我祖籍也是广东，还在国府空军当过飞行员，便常在工余与我聊天话旧。虽然我对拖着长尾音的台山话不是很熟悉，但也知道他们在讲华侨在抗日战争时期响应「华侨救国运动」的感人故事，我每次都注目聆听，并对老侨们的爱国心怀表示敬佩。

老广叫推销员为「行街」，老伯们看我这老大不小的新「行街」很勤力，很老实乖乖地听他们说古，不但给我了许多定单，有时还带我去吃午餐，顺便激励我一下。唐山老伯们的生意遍及全美独成系统，每年接到老伯们的订单都在百万元以上。这些唐山阿伯们在我初来美国做「行街」时给我了最多的温馨与支持，是我最怀念的客户。他们的家乡，广东台山县，也是我最想游覽的地方。

广东台山县在珠江流域以东，远离工业区，污染源少，水源充份，大面积养殖池土地较易获得，是中国南方鳗鱼重镇。2011年 11 月，我有机会参观了中国最大的鳗鱼养殖基地及烤鳗厂。

参观完毕，天色已暗，主人杨先生问我，晚上去吃点什么？我说：台山菜！杨总笑了，台山市内酒楼的师傅都会做点台山菜的。台山靠海，我们又是做海产的，我来安排点本地海产好不？杨总来自人文荟萃、又是海产总汇的厦门，我相信他的选择。

点菜区在餐厅大堂，像鱼市场一样展示了多种的鲜活海鲜。我向主人表示鲍鱼、海参、鱼翅、虫草等珍肴请不要考虑。我看到一筐小时吃过的龙蚤〔禾虫〕在万头钻动，有点心动，由于太像蟑螂了，公司同仁们又入世不深，生怕返美后留下惊世骇俗的爱吃蟑螂的恶名，也只有拒绝了。这家海鲜馆设在台山市最大的观光旅馆中，酒店大厅装潢设置及柱梁、厅顶高度、图案几乎与赌城威尼斯人大酒店设计相同，令人印象深刻。包厢内富丽堂皇，设有洗手间、餐具柜、热水器、电视、沙发、茶几、电视、卡拉OK 等等设备，并派室长率众美女服务员专门照料。

杨总先点了支 92 的长城牌干红来配餐。干红就是不带甜味的红葡萄酒，我好奇地问服务员价值若干？她说，这瓶 92 的要 800 元人民币（约$130 美元），她补充说，98 的只有 120 元（约$18 元美元）。在美国，大卖场 COSTCO 十多美金一瓶的红酒我喝得甘之若饴，上百块美金的葡萄酒反而喝不来。我便越俎代庖换成了 98 的，好在主人很随和地接受了我的建议。

在大陆宴席上饮国产红葡萄酒是新时尚，大宴小酌几乎都喝对身体有益的红葡萄酒，中餐鸡鸭鱼肉蒸炒煮炸各式菜肴不下数十种，一种国产干红就足以应付了。不像老外不同菜肴要喝不同种类的葡萄酒、再换上各种合适的酒杯，确实挺麻烦的。酒来了，杨总举杯说了几句开场白，然后大家一同干掉第一杯酒。一瓶红酒刚好倒满 7 个中杯，只可惜这瓶 98 的刚开瓶还没醒过来就被

我们干掉了。我觉得口感还可以，不难喝。瞄了瞄瓶上的贴纸，印有醒目的阿拉伯数字 98 但就是没指明是 98 年生产的葡萄酒。我突然明白了，92 的、98 的不是指葡萄酒的年份，而是价格高低及身份的指针。杨总又叫了一瓶 98 的。

第一道菜是水煮去壳生蚝，蚝肉圆润洁白连着乌黑的裙边，新鲜度看来好极了。二十来只比鸽蛋稍大的生蚝放在白色的大磁盘中，只有少许白汤汁，白玉色的蚝连着些许的黑边，简单淡雅。当饱满甘甜鲜脆的蚝身在口中轻轻爆裂，琼浆玉液充斥在口中，简直是好吃极了，我们公司的小老外用大眼瞪着我，充满了感恩的神情。杨总说，台山横山的蚝是中国最鲜美的品种，远在宋代便开始养殖，蚝干〔鼓〕、蚝油外销香港、东南亚及欧美各地，远近驰名，现在又正是最肥美的季节，我不得不同意他的说词。

第二道菜是白切鸡，鸡不大，约一千克，在圆盘中乘着，盘下有个小小的火盆，保持鸡肉的温度比室内高少许，盘底内有一点点汤汁，让客人容易适口，沾料是广东人常用的姜末海盐汁，皮脆肉紧鲜腴滑润，我立刻忆起儿时自家后院养的走地鸡的味道。这是一盘吃完还会长久留在记忆里的白切鸡。

第三道是清汤白萝卜，主人说台山的萝卜无可比拟。菜来了，深盘中盛了十颗约五公分高、直径四公分煮成半透明的去皮白萝卜心，浸在一公分深而无色的高汤中，如此而已。汤很清，郄熬得很融，滋味绵延。萝卜入口清甜如梨，纤维极少，丝毫没南方白萝葡的辛辣，与清汤配得相得益彰，确实不错。但萝卜似曾相识，像极了两百年前日本移植加州的大根白萝卜（Daigon）的品种。台山乡亲百年前便已侨居加州，数代经营农场的台山华籍侨民也不在少数，把大根萝卜移植回台山，想也不足为奇，可是在加州华埠的唐人餐馆从没有见过白煮大根这道佳肴。

这三道菜菜色典雅，主题鲜明，简单的烹调中充份突显了各种原食材的绝佳美味。生蚝、地鸡、萝卜有如天、地、人的神妙配搭，令人激赏回味。

第四道是皇帝菜，本来大堂经理想介绍西洋菜煲汤的。西洋菜四百年前由葡萄牙人带入西珠江流域后，便是广东人日常的养身保肺的家常菜蔬，百年前西洋菜又被筑路华工带至金山埠〔旧金山〕溪边种植，现在全美华人超市都可买到。我是从小饮西洋菜汤的广东孩子，又移居了加州数十年，西洋菜可真的没少吃。我说，试试皇帝菜吧！原来在台山把茼篙菜叫皇帝菜，记忆里乾隆皇帝下江南时好像没到此一游，不知皇帝菜出自什么典故。绿油油的一团茼篙菜炒得〝Wok〞气十足，但乏善可陈。

第五道是清蒸重壳蟹，又叫松壳蟹，「斗门重壳蟹」是珠海及澳门的盛名美食。螃蟹换壳之际有一软一硬的双重的外壳称谓重壳蟹，也叫作「软壳蟹」。珠海斗门河岸咸淡水区的泥沙海岸盛产青蟹又叫泥沼蟹（Mud Crab），对岸的台山也是青蟹产区，此蟹空运来美称「澳门膏蟹」。由于螃蟹成长时必需肉满膏腴，才能将旧壳涨脱，换壳前的蟹肥美之极，是老饕们难求的珍肴，新的壳比旧壳大，换壳后，螃蟹看起来好像长大了许多，但肉松膏散是只乏味的空螃蟹。通常，重壳蟹在蟹中十只只有一只，而且保持重壳状态时间不长，果然七只蒸蟹中只有两只是真正重壳的，主人切成四块给我们远方的尝一尝，其它的都被杨总打了回票。

第六道是整尾野生活龙趸（音盹），在大堂看到鱼缸里游着十几条一公斤多重的小龙趸，我觉得它们在野生时一同被活逮的机会不大，多半是人工育苗养殖的龙趸石班鱼，被冠上「野生」之名想必与经济利益挂钩。生在亚热带礁石里的龙趸又叫中巨石班，有山大王般霸地独居的习性，幼鱼成长快速，一年内可从20克的鱼苗增重至1500克至2000克，养在餐厅里卖像好极了，是饕餮活鱼市场的新宠，也是养殖业近年来最具经济价值的鱼种。龙趸两年后便增重至12公斤以上，这时，鱼就太大了，只能斩段来贱卖。咱们老中多信佛，佛门信徒均恶杀生，却喜欢钦点整条活鱼现斩杀来吃，令人不解。

野生龙趸鱼平均每条30至40公斤，捉到100公斤以上的龙趸也时有所闻，这些大鱼已有40至50岁的高龄。多年来渔船出海钓到巨型龙趸，又被某某酒楼天价购得，在香港可是头号大新闻，老饕们都会风闻而至，大快朵颐，出高价买鱼的酒楼更得到客随鱼来、声名远播的双重效果。

龙趸肌肉结实含脂低清蒸不宜，我们选择红烧。结果，弄出一大盘干烧龙趸来。将鱼连头带尾斩成拳块大小，裹粉油炸，再用有南乳味的卤汁烧成。吃了两块我便饱腻了，这道价值不菲的活龙趸只能用「粗卤」两字来形容，味不及所值。

第七道是久闻其名未尝其味的台山鳝鱼饭。此时大家都酒饱饭足，虽然丝毫没有余肚，我还是想尝上几口，以避免遗珠之憾。

但有人建议直接打包给主人带回家去。为了保持风度，我也微笑地附议了。如此这般，台山名产鳝鱼饭我连闻都未闻到便擦桌而过，留在记忆里。

甜点来了，是台山土产的糯米及甜薯制成，彩色缤纷很有乡土气息，但是我没动筷子，只是盯着那大半盆剩余的龙趸块，恨它占据了我胃里宝贵的空间。

由于次晨需搭机南飞三亚，晚餐后我们便赶往珠海。我酒饱饭足坐在车后即沉沉入梦，梦里赴龙宫飨宴，一个吓人的龙女侍者，一脚踏在我饱涨的肚皮上，一手强喂我大块干烧龙肉，我大叫一声「妈呀，救命！」，吓得全车人不知所措。

卖鱼郎
2010 岁末

南海野生石班鱼

鲁肉饭的争议

日前台北市长郝龙斌在翻阅甫发行的「米其林指南」（Michelin Guide）台湾篇时，愕然发现书中介绍到台湾必吃小吃鲁肉饭是缘起山东（Shangdong-style）的著名小吃，与台湾大众认知的庶民美食「鲁肉饭」大不相同。书中将鲁肉的鲁，音译为「Lu」，肉饭即意译为「Meat Rice」，全名为「Lu Meat Rice」，充份地表现了法式思维的自由浪漫。由于该指南是用英语撰写的，是供欧美人士观光台湾的指南，数月来在台湾也无人发觉有何不妥。

报载，美食家朱振藩推测鲁肉饭百分之九十九点八出自山东。并以四书《孟子》出现的「脍炙」来说明，根据郭沫若的考证，将「脍炙」判断为「卤肉燥」。早在战国时期，卤肉燥已经是山东美食，至于何时何处才开始浇淋在米饭上来吃，则尚未查证，但朱振藩表示「卤肉源自山东，是没有错的。」

台湾四百年前才有汉人移民，也许，卤肉饭的确不是台湾人发明的。但笔者认为，米其林指南台湾篇的作者，可能受到了不懂台湾饮食文地的专家的误导。鲁肉饭其实不就是酱油卤碎猪肉盖饭嘛！这是极普通的街坊民间小吃，台湾南北各地都有不同风味的鲁肉饭及名称。也有人称为肉燥饭、爌肉饭、卤肉饭等等。闽南语叫猪为知高（猪哥），所以有人叫鲁肉饭为知高饭，那可不代表知高饭来自日本的知高县。鲁肉饭的「鲁」是山东的简称，那怎可以硬说台湾鲁肉饭就是「山东式肉饭」呢？笔者曾去过山东青岛、烟台、日照、临沂、维坊等地，可从未吃过也未见过鲁肉饭。

米其林此举深深伤害了爱台湾美食的民众的感情，郝市长非常重视此事，希望与出版单位沟通厘清误解：也将要在首届「台北米食大赏」中为鲁肉饭溯源正名。其实，鲁肉饭是海外台湾游子的乡愁，不管台湾的鲁肉饭是源自山东或法国巴黎，都不能改变它在台湾人心中的地位。在晶莹剔透的白米上淋满香热腴润的琥珀肉汁，再在碗边加上一颗卤蛋，吃完一碗后情犹未尽再来一碗的回忆，怎能教人忘怀？

罗兰岗卖鱼郎 2011/6/21

煤老板的午餐

2010 年 5 月 2 日是一个乍暖还寒的春日，煤老板一行四人在山西省太原市长治路 110 号的「豪门吉品鲍府」同进午餐，他们点了二个招牌菜，二瓶红酒及一瓶茅台酒，一道甜食，饮料为二札豆浆。由于贵客临门，餐厅赠送了六碟开胃冷盘、三盘下酒热炒、暖胃罗宋汤，极品茗茶、高档水果盘「一帆顺风」也全部免费敬奉。

贵客的面子里子都有了，消费的金额虽然高些，但也能接受，本来是宾主尽欢的飨宴，却在结账时与餐厅起了争执。原来当日煤老板的消费额是 20 万元人民币，「豪门吉品鲍府」只收现金，不接受信用卡或支票、签帐等其他付款方式，若没钱，就别走人。

其实煤老板是有备而来的，带了 10 万人民币（约合美金 1 万 6 仟元）现金来吃午餐，没料到还是超出了预算，10 万块钱仅够付账单的的一半。也许是来豪门白吃吉品鲍的牛鬼蛇神太多了，只收现金已经成铁的纪律，就算是天皇老子来，付不出钱，也得扣留在饭店，见钱才放人。

餐厅这种只认现金不讲信用的态度，大大地伤害了这位正牌富豪的感情及自尊心。煤老板立即电话银行，急送 10 万现金付账，并要求银行提供 10 万张 1 元面额的现金。这 10 万张 1 元钞票要两部小轿车的行李箱才装得下，也让吉品鲍府的会计小姐们手指酸麻地点了好几个小时。煤老板坐在沙发上冷眼看会计小姐点完了 10 万现钞，消了些肚子里的污烟障气，才大步走出「太原豪门极品鲍府」。

豪门吉品鲍府的账单实录如下：

第一道菜；4 客豪门六头吉品鲍，每只鲍鱼 8,800 元人民币（1,393 美元）共计 3,5200 元人民币 （ 5,578 美元 ）。

第二道菜；4 客白松露炖至尊海虎翅 150 克，每盅 13,888 元（2,204 美元），共计 55,552 元 （8,817 美元）。

第三道 4 客甜点；野生蜂巢炖南非血燕盏，每客 9,860 元（1,565 美元 ）共计 39,440 元（6,260 美元 ）。

第四道本土饮料；2 扎豆浆，每扎 58 元（合美金 9.2 元）共计 116 元。2 瓶 1980 年法国大拉菲红酒 750ml，每瓶 16,888 元 （合 2,680 美元 ）共计 33,776 元（合 5,361 美元 ）。1 瓶 50 年茅台酒 500ml，21,800 元(3,460 美元)。总计 185, 884 元，外加服务费 18,588 元。

煤老板这顿午餐共消费了 204,472 元人民币或 32,455 美元。

数据显示，在 2011 年 4 月时，中国国家人力资源社会保障部公布山西省太原市区最低工资标准为：月薪 980 元（155 美元 ）、时薪 10.8 元（1.71 美元），市郊区：月薪 900 元（142.6 美元）、时薪 9.9 元（1.57 美元），较 2010 年 5 月调升了约百分之 20。煤老板的午餐账单为 20 万 4 仟 4 佰人民币，等于太原市区低薪办公人员 208 个月或是 17 年的工资总值或更多。也是太原市郊最低工资的劳工 2，0653 小时工作所得，如每天工作 10 小时，即需要 2,065 个工作日，才能赚到这顿豪门午餐 。

网络报导，英国某私立学校教务主任在谈论某些在学的中国富二代时说：「他们花钱花到病态，与书本知识和文化道德的关系极度紧张。」其实这位老外老师的话，我们在这张煤老板午餐的账单中就看出端倪了。

卖鱼郎于罗兰岗 2012/05/31

作者简介

杨锦文，籍贯广东，生于四川成都，成长于台湾。笔名《卖鱼郎》，为洛杉矶自由投稿人。

父杨仲安将军原为美国华侨，二战时间向应祖国华侨救国号召，返国从军，中央航校三期毕业，成为抗日战争中的空中英雄。

杨锦文先生毕业于中华民国空军官校四十七期，南加大飞安官班结业。曾任战斗机飞行官、作战官、分队长、雷虎特技小组组员、中校飞安官。曾飞机种为 T-28、T-33、T-38、F-86、F-5A/B/E。退伍后赴美定居，曾经营过餐厅、加油站、汽车修理厂、汽车零件进口商。现经营特殊食品进口公司，海产及调理食品为主要项目，以全美食品供货商为销售对象。

业余嗜好：烹饪、写作、书法、唱歌、高尔夫球、游泳。

从飞行员到卖鱼郎

作　　者 / 杨锦文（Spencer Young）
出版者 / 美商 EHGBooks 微出版公司
发行者 / 汉世纪数位文化（股）公司
台湾学人出版网：http：//www.TaiwanFellowship.org
地　　址 / 106 台北市大安区敦化南路 2 段 1 号 4 楼
电　　话 / 02-2707-9001 转 616-617
印　　刷 / 汉世纪古腾堡®数位出版 POD 云端科技
出版日期 / 2014 年 1 月（亚马逊 Kindle 电子书同步出版）
总经销 / Amazon.com
台湾销售网 / 三民网络书店：http：//www.sanmin.com.tw
三民书局复北店
地址 / 104 台北市复兴北路 386 号
电话 / 02-2500-6600
三民书局重南店
地址 / 100 台北市重庆南路一段 61 号
电话 / 02-2361-7511
全省金石网络书店：http：//www.kingstone.com.tw
定　　价 / 新台币 250 元（美金 8.99 元 / 人民币 50 元）

www.ingramcontent.com/pod-product-compliance
Lightning Source LLC
Chambersburg PA
CBHW022214050726
47590CB00002B/786